ZEITMOSAIK

A Course in German Conversation Skills

Gisela Cumming, M.A., Dip.Ed.

HULTON EDUCATIONAL PUBLICATIONS

First published 1978 by Hulton Educational Publications Ltd.,
Raans Road, Amersham, Bucks.
Printed in Great Britain by Martin's of Berwick

ISBN 0 7175 0780 7

Contents

Introduction

Aim
This book is intended to develop the skill of speaking. It is hoped that it will be found helpful when preparing pupils for those 'O' level examinations which give weight to a practical command of spoken German. It can also be used to promote conversation and discussion beyond 'O' level standard.

Age range
Tests have shown that the materials can be used successfully with pupils of all ages from 13 to 18 and with adult education classes. Less able pupils, or pupils not so advanced in their knowledge of German, will need more help and should adhere closely to the words and structures suggested. Able pupils will be ready to invent their own dialogues and to make new sentences of their own construction.

Contents
The contents of the book have been devised so as to hold the interest of pupils in their teens and to provide situations in which they might find themselves if they go to Germany. Adults should also find the topics interesting and useful, since they deal with jobs, houses, holidays, hobbies, etc.
The units are complete in themselves and teachers can deal with them in any order they like. It might, however, be advisable to start off at the beginning of the book, as the units are fairly easy and the instructions to the pupils are given in English.
Both the 'du' and the 'Sie' forms are used, although more weight is given to the polite mode of address.

Components
The dialogue presents the situation and introduces the required words and structures.

[1] Fragen

(a) Teachers can use the questions for testing the comprehension of the dialogue.

(b) They provide an opportunity to manipulate the words and structures of the dialogue.

(c) They can be done orally or in writing.

When pupils are familiar with the dialogue, they could act it out. Some teachers might want to practise oral composition. They could ask the pupils to tell a simple story using the questions and answers as an aid.

[2] Gespräch
These questions are intended to help pupils to use the words and structures learnt, to talk about themselves and their own experience.

It is hoped that it will develop into a genuine conversation. Questions and answers should be adapted to the particular experience of the pupil, and the person answering should be encouraged to give as much information about him or herself as possible.

In some units answers have been suggested. This has been done to help pupils to express their opinions and to promote discussion.

[3] Mit verteilten Rollen
In these rôle-playing exercises pupils invent their own dialogue. In most cases either the beginning has been done for them, or they have been given a model dialogue and are asked to improvise a parallel situation.

Other activities, like filling in questionnaires, are included mainly for the enjoyment of the pupils. Newspaper cuttings and travel brochures, apart from being authentic material, should also provide variety and stimulate interest.

Many of the exercises are designed so that pupils may practise German by speaking it to each other. Teachers might want to divide their class up into groups of two or four pupils who will work together and take it in turns to ask questions.

It is hoped that after completing this book pupils will be able to cope better with everyday situations and have more confidence in expressing themselves on topics which interest them.

1 Was fehlt Ihnen?

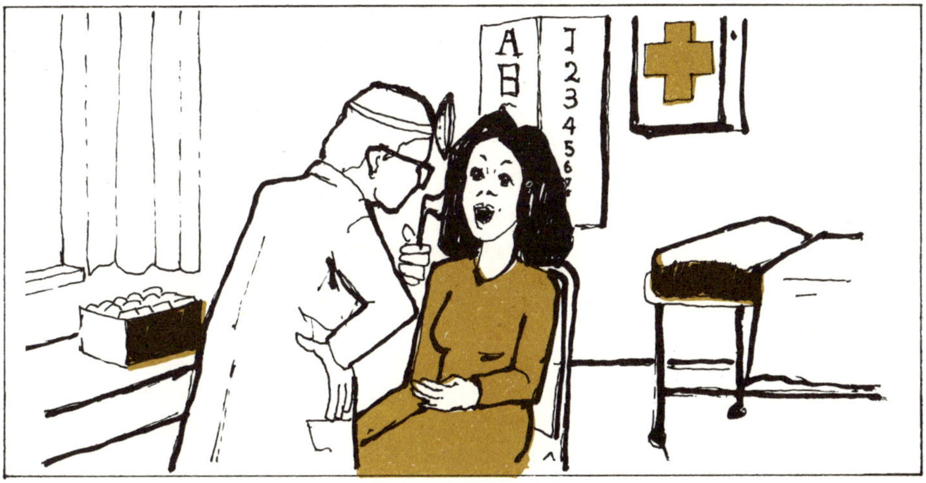

Beim Arzt

Frl. Wilke: Guten Morgen, Herr Doktor.

Arzt: Guten Morgen, Frl. Wilke. Setzen Sie sich bitte. Nun, was fehlt Ihnen?

Frl. Wilke: Ich habe mich furchtbar erkältet, und seit zwei Tagen habe ich auch starke Halsschmerzen.

Arzt: Wie ist denn das passiert?

Frl. Wilke: Ich bin am Sonntag im Regen spazierengegangen, und meine Kleider sind ganz naß geworden. Ich habe sehr gefroren, und dabei muß ich mich erkältet haben.

Arzt: Haben Sie auch Fieber?

Frl. Wilke: Nein, Fieber habe ich nicht.

Arzt: Nun, ich möchte mir mal Ihren Hals ansehen. Machen Sie bitte den Mund auf und sagen Sie: Ah!—Ja, Sie haben eine Mandelentzündung. Tut Ihnen auch der Kopf weh?

Frl. Wilke: Ja, Kopfschmerzen habe ich auch.

Arzt: Ich verschreibe Ihnen Tabletten. Nehmen Sie täglich dreimal zwei von diesen Tabletten. Gehen Sie jetzt nach Hause, und legen Sie sich sofort ins Bett. Dann sind Sie in ein paar Tagen wieder gesund.

Frl. Wilke: Danke, Herr Doktor. Auf Wiedersehen.

Arzt: Auf Wiedersehen, Frl. Wilke, und gute Besserung. Vergessen Sie nicht Ihr Rezept!

Fragen

1. *Warum geht Frl. Wilke zum Arzt?*
2. *Wann hat sie sich erkältet?*
3. *Was muß Frl. Wilke machen, damit der Arzt sich Ihren Hals ansehen kann?*
4. *Was sagt der Arzt, was fehlt ihr?*
5. *Was tut ihr auch weh?*

6. *Was verschreibt ihr der Arzt?*
7. *Wie oft muß sie die Tabletten nehmen?*
8. *Was soll sie machen, wenn sie nach Hause kommt?*
9. *Was wünscht ihr der Arzt?*
10. *Was vergißt sie fast?*

Gespräch

1. **Sind Sie oft krank?**
2. **Zu welchem Arzt gehen Sie, wenn Sie krank sind?**
3. **Geht Ihre Familie zu demselben Arzt?**
4. **Wann hat er Sprechstunde?**
5. **Wann waren Sie das letzte Mal beim Arzt?**
6. **Warum sind Sie zu ihm gegangen?**
7. **Hat er Ihnen Tabletten verschrieben?**
8. **Wie oft mußten Sie die Tabletten nehmen?**
9. **Wohin gingen Sie mit dem Rezept vom Arzt?**
10. **Mußten Sie etwas für die Medizin bezahlen?**
11. **Sind Sie im Winter oft erkältet?**
12. **Wenn Sie erkältet sind, legen Sie sich dann ins Bett?**
13. **Fehlen Sie oft in der Schule?**
14. **Bekommen Sie leicht Kopfschmerzen, oder haben Sie öfter Bauchschmerzen?**
15. **Wer ist in Ihrer Familie am meisten krank?**

Mit verteilten Rollen

A. Work together with a partner. You are visiting your doctor because you have injured your arm. Your friend will play the part of the doctor. Make up a complete conversation using the dialogue on page 3 and the diagram on page

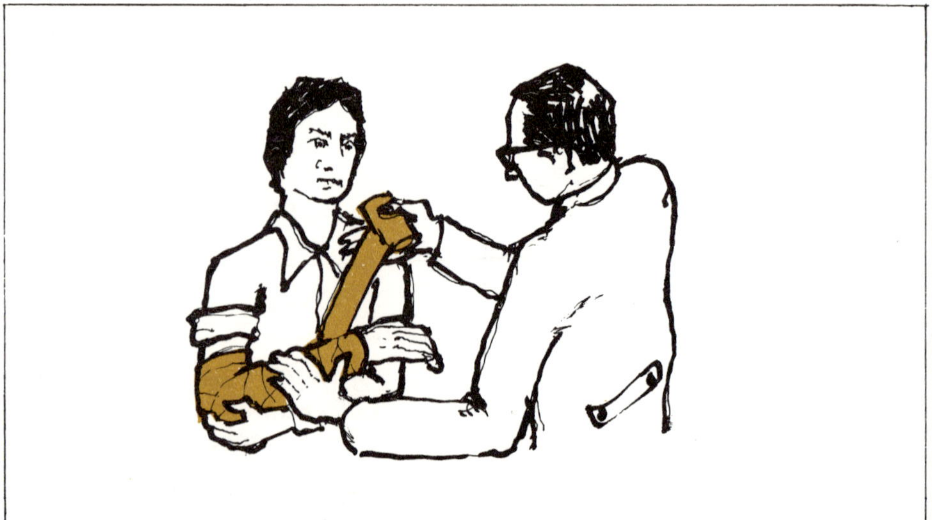

B.
Make up more conversations between the doctor and his patients, using t diagram below:

Ich habe mir	den Arm den Fuß das Bein	verletzt. verstaucht. gebrochen.
Ich habe mich	in den Finger geschnitten.	
	erkältet.	

The doctor might use one of the following phrases:

Ich lege Ihnen	einen Verband eine elastische Binde einen Gipsverband	an.
Ich verschreibe Ihnen Tabletten.		

Here are some other useful phrases:

Mir tut	der Kopf das Bein der Arm	weh.
Ich habe Zahn-, Bauch-, Hals-, Ohrenschmerzen.		

2 Nach der neuesten Mode

In der Boutique

Verkäuferin: Was kann ich für Sie tun?
Frau Petersen: Meine Tochter möchte gern einen Maxirock haben.
Verkäuferin: Welche Größe hat Ihre Tochter?
Barbara: Größe 38.
Verkäuferin: Diese Röcke hier sind alle Größe 38. Möchten Sie eine bestimmte Farbe?
Barbara: Vielleicht dunkelblau oder dunkelgrün. Was meinst du, Mutti?
Frau Petersen: Am besten sehen wir uns die Röcke einmal an.
Verkäuferin: Hier habe ich einen schwarzen Wollrock. Schwarz sieht immer gut aus. Gefällt er Ihnen? Nein?—Hier ist ein Rock aus dunkelblauem Samt.
Frau Petersen: Ja, der Rock gefällt mir; der sieht schick aus.
Verkäuferin: Schauen Sie sich diesen Rock an. Er ist im Folklorelook und sieht sehr elegant aus, nicht wahr? Er ist aus dunkelgrüner Seide und hat ein Blumenmuster.
Barbara: O ja, Mutti! Der Rock ist wirklich hübsch. Der steht mir bestimmt gut.
Verkäuferin: Am besten ziehen Sie diese beiden Röcke einmal an. Dann sehen wir, wie sie Ihnen passen. Dort drüben ist die Kabine.
Barbara: Der Samtrock ist zu lang.
Frau Petersen: Das ist nicht so schlimm. Wir können ihn kürzer machen.
Barbara: Er ist aber auch zu weit in der Taille. —Der grüne Rock paßt gut. Dazu kann ich meine weiße Bluse tragen. O Mutti! Der Rock gefällt mir sehr. Darf ich ihn haben?
Frau Petersen: Wie teuer ist er denn?
Verkäuferin: Er kostet 120 DM.
Frau Petersen: Was 120 DM! Das ist ja viel zu teuer. Soviel Geld gebe ich nicht für einen Rock aus. Komm Barbara, wir gehen jetzt in den Kaufhof und suchen Stoff für dich aus; und dann nähst du dir den Rock selbst.

Fragen

1. *Wohin gehen Frau Petersen und Barbara zuerst?*
2. *Was wollen sie kaufen?*
3. *Welche Größe hat Barbara?*
4. *Welcher Rock gefällt ihrer Mutter?*
5. *Warum kaufen sie ihn nicht?*
6. *Welchen Rock findet Barbara am schönsten?*
7. *Wo kann Barbara die Röcke anprobieren?*
8. *Warum ist Frau Petersen nicht mit dem Seidenrock einverstanden?*
9. *Wohin gehen sie dann?*
10. *Was für einen Vorschlag macht Frau Petersen ihrer Tochter?*

Gespräch

Sie sind gestern in ein Sportgeschäft gegangen, um sich einen Anorak zu kaufen.

1. **Wo waren Sie gestern?**
2. **Warum sind Sie dorthin gegangen?**
3. **Kaufen Sie Ihre Kleider von Ihrem Taschengeld, oder wer hat Ihnen das Geld für den Anorak gegeben?**
4. **Haben Sie sich den Anorak allein ausgesucht, oder wer ist mit Ihnen gekommen?**
5. **Wie viele Anoraks haben Sie anprobiert, bevor Sie den richtigen fanden?**
6. **Welche Größe tragen Sie?**
7. **Beschreiben Sie den Anorak, den Sie sich gekauft haben.**
8. **Warum brauchen Sie einen neuen Anorak?**
9. **Wann wollen Sie ihn tragen, zur Schule oder wenn Sie spazierengehen?**
10. **Wie hat Ihren Eltern Ihr neuer Anorak gefallen?**

Mit verteilten Rollen

A. Gudrun goes to a department store to buy a blouse. What she and the assistant might say is written below. Work out the two different conversations.

Ich möchte eine Bluse mit langen Ärmeln, bitte.

↓

Schauen Sie her. Hier sind die Blusen mit langen Ärmeln.

↓

Kann ich diese Bluse bitte anprobieren?

↓

Ja, natürlich. Da drüben ist die Kabine.

Wie paßt Ihnen die Bluse?

↙ ↘

Sie paßt mir gut. Aber ich finde die Farbe nicht so schön. Haben Sie diese Bluse in einer anderen Farbe da?

↓

Ja, hier ist die gleiche Bluse in Rot. Sie haben dunkles Haar. Sie können Rot gut tragen.

Die Bluse ist mir zu groß (klein). Haben Sie diese Bluse eine Nummer kleiner (größer) da?

↓

Ich schaue gleich einmal nach. Ja, hier ist die Bluse in Größe 38. Die paßt Ihnen bestimmt.

↘ ↙

Ja, diese Bluse gefällt mir. Die nehme ich.

B. Welche Größe haben Sie?
Auf dieser Tabelle können Sie Ihre Größe ablesen.

Damen	**GB**	**D**	**Herren**	**GB**	**D**
Kleider	10	36	Jacken	36	44
Blusen	12	38	Pullover	38	46
Mäntel	14	40		40	48
	16	42		42	50
	18	44		44	52
				46	54
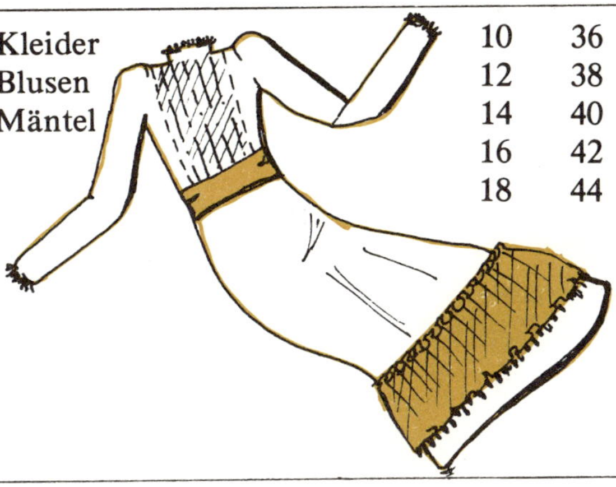				48	56
Strumpfhosen	8	1	Hemden	14	36
Strümpfe	9	2		14½	37
	10	3		15	38
				15½	39
				16	40-41
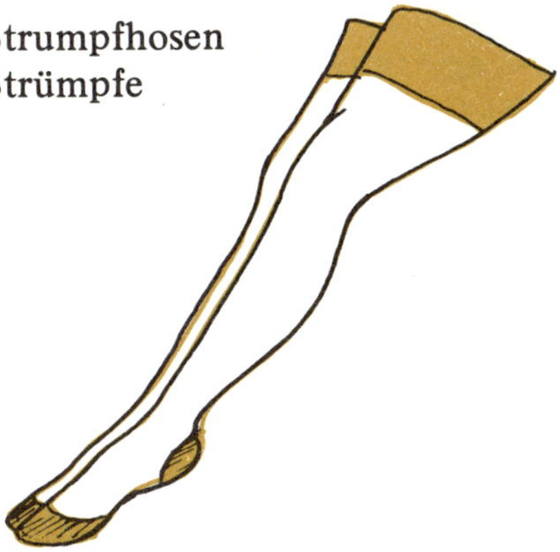				16½	42
Schuhe	4½	37	Schuhe	6	40
	5	38		7	41
	6	38½		8	42
	6½	39		9	43
	7	40	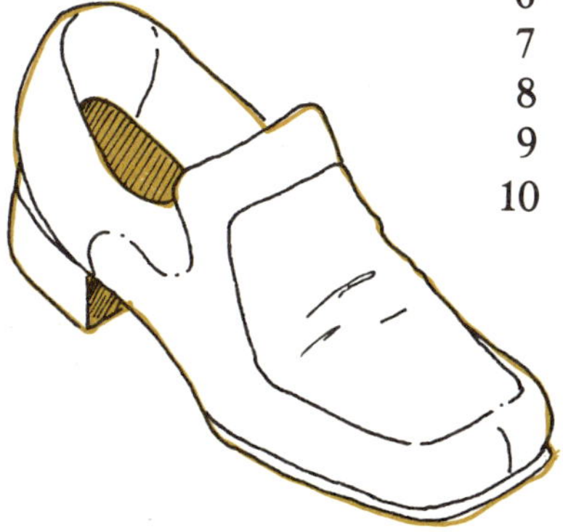	10	44

3 Schmeckt es Ihnen?

Die schlanke Linie

Sylvia:	Ich muß unbedingt abnehmen. Meine Sommerkleider sind mir alle zu eng. In vier Wochen will ich mit Klaus in den Urlaub fahren. Da möchte ich doch meinen Bikini tragen.
Renate:	Du solltest jeden Morgen 10 Minuten lang Gymnastik machen.
Sylvia:	O je! Morgens bin ich immer so müde.
Renate:	Neulich habe ich in der Illustrierten einen Diätplan gesehen. Ich habe mir den Artikel aufgehoben. Warte, hier ist er.
Sylvia:	Zeig her! Da steht: 'Essen Sie zum Frühstück eine halbe Pampelmuse, eine Scheibe Toast mit Butter und Marmelade, und trinken Sie Tee oder Kaffee dazu.' Nun, das ist ja gar nicht so schlimm.
Renate:	Und zum Abendessen kannst du dir Käse oder Wurst aufs Brot legen. Mittags darfst du Fleisch essen. Nimm aber nur eine kleine Kartoffel dazu und auf keinen Fall Soße.
Sylvia:	Wie ist es mit Pudding? Den esse ich so gern.
Renate:	Auf den mußt du ganz verzichten. Du darfst überhaupt nichts Süßes essen, keine Schokolade, keine Bonbons und keinen Kuchen.
Sylvia:	Wie furchtbar! Was darf ich denn essen?
Renate:	Du darfst so viel Obst essen, wie du willst. Du darfst auch Gemüse essen.
Sylvia:	Was für Gemüse?
Renate:	Iß rohe Salate aus Mohrrüben, Kohl und Äpfeln, oder mach dir grünen Salat mit Tomaten und Radieschen.
Sylvia:	Mohrrüben, Kohl, Salat! Das essen doch nur die Kaninchen! Und dann soll ich auch noch vor dem Frühstück wie ein Kaninchen herumhüpfen! Das wird ja furchtbar.

Fragen

1. *Warum will Sylvia abnehmen?*
2. *Wann hat sie Urlaub?*
3. *Was für einen Ratschlag gibt Renate ihrer Freundin zuerst?*
4. *Woher hat Renate den Diätplan?*
5. *Was darf Sylvia zum Frühstück essen?*
6. *Wie oft am Tage darf sie Brot essen?*
7. *Wovon darf sie mittags nur wenig essen und wovon überhaupt nichts?*
8. *Was muß sie ganz aufgeben?*
9. *Warum kommt sie sich wie ein Kaninchen vor?*
10. *Wem zuliebe will Sylvia abnehmen?*

	Sylvia ißt:	**Was essen Sie?**
oder	**zum Frühstück** eine halbe Pampelmuse ein Brötchen mit Butter und Marmelade ein Ei eine Scheibe Toast mit Butter	**zum Frühstück**
oder	**zum Mittagessen** Fischfilet mit einer Kartoffel und grünem Salat Huhn mit Tomaten und etwas reis	**zum Mittagessen**
oder	**zum Abendessen** zwei Scheiben Brot mit Käse einen Apfel zwei Scheiben Knäckebrot mit Wurst einen Joghurt	**zum Abendessen**

Gespräch

1. **Essen Sie mittags in der Schule oder gehen Sie nach Hause?**
2. **Was haben Sie gestern abend gegessen?**
3. **Was trinken Sie zum Frühstück?**
4. **Wenn Sie zwischen Suppe und Süßspeise wählen müßten, was würden Sie lieber essen?**
5. **Essen Sie lieber Salzkartoffeln oder Pommes frites?**
6. **Was ist Ihr Lieblingsgericht?**
7. **Wenn Sie allein sind, was kochen Sie dann für sich?**
8. **Wie oft in der Woche essen Sie Fisch?**
9. **Helfen Sie Ihrer Mutter regelmaßig? Schälen Sie Kartoffeln, decken Sie den Tisch oder waschen Sie ab?**
10. **Um wieviel Uhr frühstücken Sie am Sonntag, und was essen Sie?**

Mit verteilten Rollen

Was essen Sie gern?

Felix, ein deutscher Student, wohnt bei Ihnen. Ihre Mutter ist sehr besorgt, daß es ihm schmeckt.

A. What your mother and Felix might say is written below. Read out the questions and answers.

1. Felix likes . . .

	Mutter:		**Felix:**	
	Was essen Sie gern?		Ich esse eigentlich alles gern.	
Essen Sie gern	Käse Fisch Kuchen	?	Ja, ich esse gern	Käse Fisch Kuchen
Trinken Sie gern	Milch Tee Kaffee	?	Ja, ich trinke gern	Milch Tee Kaffee
Essen Sie lieber	Fisch oder Fleisch Erbsen oder Kohl	?	Ich esse lieber	Fleisch Erbsen
Trinken Sie lieber	Tee oder Kaffee Orangensaft oder Milch	?	Ich trinke lieber	Kaffee Saft
Schmeckt Ihnen	der Kuchen die Forelle das Gemüse	?	Ja, er / sie / es schmeckt	gut ausgezeichnet wunderbar
Schmecken Ihnen die Tomaten?			Ja, sie schmecken	gut.

II. Felix is not so keen on . . .

Mutter:	**Felix:**
Essen Sie gern Fischstäbchen?	Nein, Fischstäbchen esse ich nicht so gern.
Essen Sie gern Orangenmarmelade?	Ich weiß nicht, ich habe sie noch nie probiert.
Möchten Sie Plumpudding?	Nur ganz wenig, bitte. Ich möchte ihn erst probieren.
Möchten Sie Bohnen in Tomatensoße?	Nein, danke. Ich möchte lieber vorsichtig sein.
Schmeckt Ihnen der Kuchen?	Er ist etwas zu süß.
Schmeckt Ihnen der Pudding?	Er ist nicht so ganz mein Geschmack.

III. Felix has eaten enough

Mutter:	**Felix:**
Möchten Sie noch mehr Fleisch?	Nein, danke. Es hat sehr gut geschmeckt. Aber ich bin satt.

IV. Felix is still hungry

Felix:				**Mutter:**
Darf ich mir noch	etwas Fleisch Pommes frites ein Stück Kuchen	nehmen	?	Aber natürlich.

B. Klaus aus Hamburg besucht seine Brieffreundin Pat.

Pat tells him about the family meals and finds out his likes and dislikes.
Make up a conversation between Pat and Klaus.
They might start like this:

Pat: Zum Frühstück esse ich zuerst Kornflakes. Ißt du auch gern Kornflakes, oder möchtest du lieber Haferflocken oder Müsli?

Klaus: Ich habe noch nie Kornflakes gegessen, aber ich möchte sie gern probieren.

Pat: Dann esse ich . . . .

4 Wie komme ich dorthin?

Haben Sie wohl Zeit . . .?

Dame: Entschuldigen Sie, bitte, wie komme ich zum Hafen?

Student: Da fahren Sie am besten mit der U-Bahn bis "Landungsbrücken".

Dame: Danke. Und wo kann ich eine Fahrkarte lösen?

Student: Die Fahrkarte bekommen Sie am Automaten an der U-Bahnstation.

Dame: Kann ich heute eine Hafenrundfahrt machen?

Student: Aber natürlich. Alle halbe Stunde fährt ein Schiff ab "Landungsbrücken".

Dame: Wissen Sie, ich bin zum ersten Mal in Hamburg. Können Sie mir wohl ein paar Tips geben? Was soll ich mir anschauen?

Student: Hamburg hat viele Sehenswürdigkeiten. Fahren Sie ins Stadtzentrum, und sehen Sie sich das Rathaus an. Gehen Sie dann den Jungfernstieg entlang. Dort gibt es viele elegante Geschäfte. An der Alster gibt es ein nettes Café. Dort können Sie zu Mittag essen.

Dame: Sie kennen sich aber gut aus.

Student: Kein Wunder. Ich bin Student und habe in den Ferien im Verkehrsverein gearbeitet.

Dame: Das ist aber interessant. Sagen Sie, haben Sie wohl Zeit, mir ein wenig die Stadt zu zeigen? Ich lade Sie dann zum Essen ein.

Student: Es tut mit leid, aber ich habe mich mit meiner Freundin verabredet. Sie muß jeden Augenblick hier sein.

Dame: Ach, auf die jungen Mädchen von heute ist kein Verlaß. Sicherlich läßt Ihre Freundin Sie sitzen.

Student: Aber nein. Monika kommt bestimmt. Sehen Sie, da ist sie schon. Also viel Spaß

Fragen

1. *Wohin möchte die Dame?*
2. *Wie kommt sie da am besten hin?*
3. *Wo kann sie die Fahrkarte lösen?*
4. *Was möchte sie am Hafen machen?*
5. *Wie oft war sie schon in Hamburg?*
6. *Warum kennt der junge Mann sich so gut in Hamburg aus?*
7. *Wozu lädt ihn die Dame ein?*
8. *Warum nimmt er die Einladung nicht an?*
9. *Was für eine Meinung hat die Dame über die Mädchen von heute?*
10. *Läßt Monika ihren Freund sitzen?*

Mit verteilten Rollen

1 Michaeliskirche

A. Sigrid ist schon zwei Tage in Hamburg und wohnt in der Jugendherberge "Auf dem Stintfang". Martin ist erst heute angekommen und fragt sie, was er sich in Hamburg ansehen soll.

Sigrid: Zuerst mußt du dir die Michaeliskirche ansehen, den 'Michel', wie die Hamburger den Turm nennen. Er ist 132 m hoch und ist das Wahrzeichen von Hamburg.

Martin: Ist die Kirche weit von hier?

Sigrid: Nein, sie ist ganz in der Nähe.

Martin: Und wie komme ich dorthin?

Sigrid: Du kannst zu Fuß dorthin gehen. Wenn du aus der Jugendherberge kommst, gehst du rechts die Straße entlang, immer geradeaus, und dann siehst du auf der rechten Seite den 'Michel'.

Martin: Kann ich die Kirche besichtigen?

Sigrid: Ja, natürlich. Sie ist werktags von 9.00 bis 17.30 Uhr geöffnet und sonntags von 11.30 bis 17.30 Uhr. Du kannst sogar auf den Turm steigen.

Martin: Lohnt sich das?

Sigrid: Ja. Vom Turm hast du einen weiten Blick über den Hafen und die Stadt.

Martin: Was soll ich mir noch ansehen?

B. Spielen Sie mit einem Partner die Rollen von Sigrid und Martin. Sigrid empfiehlt folgende Sehenswürdigkeiten:

2 Fernsehturm

(Heinrich-Hertz-Turm). Du fährst mit der U-Bahn bis 'Sternschanze'. Der Turm ist 271,5 m hoch Du kannst mit dem Lift zur Aussichtsplatform fahren.

3 Rathaus

Es liegt im Stadtzentrum. Du fährst mit der U-Bahn bis 'Rathaus'. Führungen sind Mo.—Fr. 10—15 Uhr, Sa.und So. 10—13 Uhr, alle halbe Stunde.

4 St. Pauli

(mit U-Bahn bis 'St. Pauli'). Hier gibt es Bierstuben, Nightclubs und Beatschuppen. Da sind Bowlingbahnen, Billardstuben, zwei Theater, sechs Kinos und ein Wachsfigurenkabinett. Da kannst du dich amüsieren.

5 Fischmarkt

(mit dem Bus 188). Er ist nur sonntags von 6—10 Uhr geöffnet. Man kann hier alles kaufen: alte Kleider, lebende Hühner, rostige Nägel und natürlich Fisch in allen Variationen.

5 Ein Ausflug

Familie Bauer fährt zum Baldeneysee

Vater: Na, wie gefällt euch dieser Platz hier?

Mutter: Herrlich! Wir sind direkt am Wasser, und es sind keine anderen Leute da.

Vater: Kommt, Kinder, helft mir, den Tisch und die Stühle aufzustellen.

Mutter: Ich bin sicher, wir haben etwas vergessen.

Vater: Das kann nicht sein. Ich habe doch alles in den Kofferraum gepackt. Hier, Ilse, nimm du den Kocher, der ist nicht so schwer.

Wolf: Ich trage die Picknicktasche mit dem Essen.

Mutter: Stellt die Sachen unter den Baum, dort ist Schatten. Vorsicht, Wolf! In dem Korb sind die Teller und Gläser.

Ilse: Mutter, dürfen wir vor dem Essen noch schwimmen gehen?

Mutter: Aber natürlich. Bleibt aber nicht zu lange im Wasser. Das Essen ist bald fertig.

Vater: Kann ich dir helfen, Elisabeth?

Mutter: Ja, öffne doch bitte die Dose mit den Würstchen. Ich mache inzwischen den Kartoffelsalat fertig.—Karl, hier habe ich noch eine Überraschung für dich.

Vater: Eine Flasche Rotwein. Elisabeth, du bist eine tolle Frau! Ich mache sie gleich auf, und dann trinken wir ein Gläschen vor dem Essen. Wo ist der Korkenzieher?

Mutter: In der Picknicktasche.

Vater: Da ist er nicht.

Mutter: Wie? Was? Dann ist er. . . Du meine Güte! Dann liegt er noch zu Hause auf dem Küchentisch. Ich hab's ja gewußt, daß wir etwas vergessen haben.

Fragen

1. *Wohin ist die Familie Bauer gefahren?*
2. *Was wollten sie dort machen?*
3. *Warum gefiel Frau Bauer der Platz so gut?*
4. *Was hatten sie alles im Wagen?*
5. *Wer packte den Wagen aus?*
6. *Wohin stellten sie den Tisch und die Stühle?*
7. *Was wollten die Kinder vor dem Essen machen?*
8. *Was gab es zu essen?*
9. *Worüber freute sich Herr Bauer sehr?*
10. *Warum war er enttäuscht?*

Gespräch

Am Samstag haben Sie mit Ihrem Freund Udo eine Radtour gemacht. Sie sind zu einer Burg gefahren, die auf einem hohen Berg lag. Ihre Mutter hat Ihnen Brote mitgegeben.

1. **Was haben Sie am Samstag gemacht?**
2. **Wer ist mit Ihnen gefahren?**
3. **Wann sind Sie von zu Hause losgefahren?**
4. **Wohin sind Sie gefahren?**
5. **War der Berg steil? Mußten Sie absteigen und die Räder schieben?**
6. **War viel Verkehr auf der Straße? Wohin fuhren die Leute?**
7. **Hatten Sie eine gute Aussicht von der Burg? Was haben Sie gesehen?**
8. **Haben Sie die Burg besichtigt?**
9. **Wo haben Sie gegessen?**
10. **Was hatte Ihre Mutter Ihnen zu essen eingepackt?**
11. **Was hatte sie Ihnen zu trinken mitgegeben?**
12. **Was haben Sie nach dem Essen gemacht?**
13. **Wann sind Sie wieder nach Hause gefahren?**
14. **Wann sind Sie zu Hause angekommen?**

Mit verteilten Rollen

A. Auf dem Campingplatz

Helga und Ludwig fahren zum Campingplatz. Während Ludwig das Zelt aufschlägt, macht Helga das Essen. Doch sie haben keinen Dosenöffner.

Make up a conversation with a partner. Refer to the words and sentences of the dialogue. You might want to start like this:

Helga: Ist es noch weit bis zum Campingplatz? Mir ist so heiß, und ich bin müde.

Ludwig: Nein, weit kann es nicht mehr sein. Siehst du, da vorne ist er schon. Wie gefällt dir der Platz? . . .

B. Picknick am Baldeneysee

Take the part of Ilse Bauer and tell your friend Joachim about the picnic.

Joachim möchte wissen, ob Ilse zusammen mit ihren Eltern am Baldeneysee war und ob ihr Bruder auch mitgekommen ist; ob viele Leute da waren und ob sie einen Platz am Wasser gefunden haben. Dann fragt er sie, was sie alles mitgenommen haben, was sie vor dem Essen gemacht haben, was sie gegessen und getrunken haben und wann sie wieder zu Hause waren.

Joachim: Na, du bist aber braun. Wo warst du denn am Wochenende?

Ilse: Wir sind zum Baldeneysee gefahren. . . .

6 Wohin möchten Sie?

Falsch gefahren

Heinrich: So, jetzt sind wir in Regensburg. Wo wohnt denn deine Freundin Erika?

Renate: Erika wohnt in der Maximilianstraße. Siehst du die Tankstelle da vorne auf der rechten Seite? Dort können wir nach dem richtigen Weg fragen.

Heinrich: Gut. Ich halte dort.
Entschuldigen Sie, bitte. Wir wollen zur Maximilianstraße. Wie kommen wir am besten dorthin?

Tankwart: Maximilianstraße? Das ist gar nicht weit von hier. Fahren Sie geradeaus die Landshuterstraße entlang bis zur zweiten Verkehrsampel. Dort müssen Sie links abbiegen. Fahren Sie dann die nächste Straße rechts, und Sie kommen direkt zur Maximilianstraße.

Heinrich: Vielen Dank.

Renate: Du mußt hier links fahren, Heinrich.

Heinrich: Ach, hier doch noch nicht. Wir müssen doch zur zweiten Verkehrsampel fahren.

Renate: Das war die zweite.

Heinrich: Sei still. Wer fährt, du oder ich!—So, hier biege ich links ab.

Renate: Ach, wir sind ja schon in der Stadtmitte. Siehst du den Dom dort vorne? Wir sind zu weit gefahren.

Heinrich: Zum Donnerwetter! Ja, da muß ich schnell wenden.

Polizist: Halt! Was machen Sie denn da?

Heinrich: Ich wollte gerade wenden.

Polizist: Aber das dürfen Sie doch nicht in einer Einbahnstraße.

Heinrich: Ist denn das hier eine Einbahnstraße? Entschuldigen Sie. Ich bin fremd hier.

Polizist: Nun, diesmal will ich ein Auge zudrücken. Wohin möchten Sie denn?

Heinrich:	Zur Maximilianstraße.
Polizist:	Da sind Sie zu weit gefahren.
Renate:	Das habe ich dir doch gesagt, Heinrich.
Polizist:	Also fahren Sie jetzt geradeaus weiter bis zum Dom. Dort biegen Sie rechts ab, und dann fahren Sie . . .
Renate:	. . . die zweite Straße wieder rechts, und das ist die Maximilianstraße.
Polizist:	Sehr richtig, gnädige Frau. — Sie hätten auf Ihre Frau hören sollen. Frauen haben immer recht.

Fragen

1. *Wohin sind Heinrich und Renate gefahren?*
2. *Wen wollen sie dort besuchen?*
3. *Wo halten sie, um nach dem Weg zu fragen?*
4. *An wie vielen Verkehrsampeln sollen sie vorbeikommen?*
5. *Was müssen sie an der Verkehrsampel machen?*
6. *Warum will Heinrich wenden?*
7. *Warum darf er nicht wenden?*
8. *Was glauben Sie, weshalb muß Heinrich keine Strafe bezahlen?*
9. *Wie weit muß Heinrich jetzt geradeaus fahren?*
10. *Auf wen hätte er hören sollen?*

How to ask the way:

Entschuldigen Sie, wie Entschuldige, wie	komme ich kommen wir	am besten	zum Theater ? zur Mühlenstraße?

How to give directions:

(a) Sie gehen Du gehst	hier die erste Straße die zweite Straße	geradeaus links. rechts.	
(b) Sie gehen hier Du gehst hier	die Sternstraße am Park	entlang.	
(c) Sie gehen hier geradeaus bis Du gehst hier geradeaus bis	zur zweiten Verkehrsampel. zum Kreisverkehr. zur Kreuzung. zur Kirche.		
(d) An der Kirche An der Kreuzung Am Kreisverkehr	biegen Sie biegst du	links rechts	ab.

How to ask about the distance:

Wie weit ist es?

How to give information about the distance:

(a) Zu Fuß brauchen Sie (brauchst du) ungefähr eine halbe Stunde.
(b) Mit dem Auto sind Sie (bist du) in fünf Minuten da.
(c) Es ist ungefähr drei Kilometer von hier.

Gespräch

1. **Wie kommst du zur Schule? Gehst du zu Fuß, fährst du mit dem Bus, dem Rad, oder bringt dich dein Vater mit dem Auto?**
2. **Wie weit ist dein Schulweg?**
3. **Gehst du allein, oder wer geht mit dir?**
4. **Wann gehst du aus dem Haus?**
5. **Beschreibe jetzt deinen Schulweg:**

(a) **Welche Straßen gehst du entlang?**
(b) **Wo mußt du abbiegen?**
(c) **Kommst du an einer Verkehrsampel vorbei?**
(d) **Was für Gebäude siehst du?**

Stadtrundgang

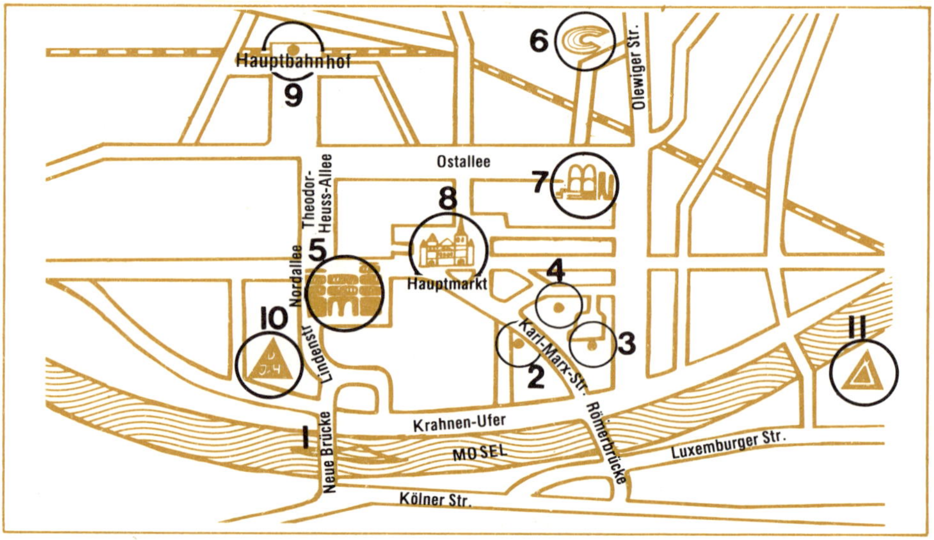

(1) Stadthafen; (2) Karl-Marx-Haus; (3) Rathaus; (4) Stadttheater; (5) Porta Nigra; (6) Amphitheater; (7) Kaiserthermen; (8) Dom; (9) Hauptbahnhof; (10) Jugendherberge; (11) Schloß Monaise.
Entfernungen von Porta Nigra:
Hauptmarkt 400m; Kaiserthermen 1200m; Amphitheater 1600m; Jugendherberge 800m; Römerbrücke 1500m; Hauptbahnhof 600m; Schloß Monaise 3 km.

A. Peter studiert in Trier.

Heute besucht ihn seine Tante Frieda. Sie hat eine Moselfahrt gemacht und kommt am Stadthafen (1) an. Er zeigt ihr einige Sehenswürdigkeiten:
Can you follow their route on the street plan?

"Komm, Tante Frieda, wir gehen zuerst an der Mosel entlang. Dort vor uns ist die Römerbrücke. Sie ist sehr alt. Die Brückenpfeiler stammen aus dem 2. Jahrhundert. Wir gehen aber jetzt nicht über die Brücke, sondern links die Karl-Marx-Straße hoch. Dort kommen wir an dem Geburtshaus von Karl Marx vorbei. Gegenüber liegt das Rathaus, und daneben ist das Stadttheater. Wir gehen hier geradeaus weiter. So, jetzt sind wir auf dem Hauptmarkt. Am Ende der Straße siehst du das Wahrzeichen von Trier, die berühmte Porta Nigra. Die Römer haben dieses imposante Stadttor im 2. Jahrhundert gebaut."

Tante Frieda: "Und hier vor uns ist eine nette Weinstube. Komm, Peter, wir trinken erst ein Glas Moselwein."

B. Du hast mit deinem Freund einen Spaziergang in den Weinbergen oberhalb von Trier gemacht. Ihr geht jetzt die Olewiger Straße entlang und wollt zur Porta Nigra.
Beschreibe deinem Freund den Weg. Ihr kommt unter anderem an folgenden Gebäuden vorbei:

Amphitheater: Es stammt aus dem Jahre 100 v. Chr.; hier kämpften Tiere und Gladiatoren; hier war Platz für 25 000 Zuschauer.

Kaiserthermen: Ein römisches Bad aus dem 4. Jahrhundert.

Wie komme ich am besten dorthin?

Sieh auf den Stadtplan auf Seite 24.

1. Jochen ist soeben am Hauptbahnhof (9) angekommen. Er möchte zur Jugendherberge (10). Sag ihm, wie er gehen muß und wie weit es ist. (Entfernungen sind unten auf der Karte angegeben).

2. Herr Krause ist am Informationsbüro an der Porta Nigra (5) aus dem Auto gestiegen, um nach dem Campingplatz zu fragen. Der Campingplatz liegt auf der anderen Seite der Mosel, nicht weit von Schloß Monaise (11). Sag ihm, wie er fahren muß.

7 Wann fährt der Zug?

Auf dem Bahnhof

Dirk: Hallo, Karin, hier bin ich.

Karin: Ach, Dirk, wie nett, daß du auf mich gewartet hast. Ich hatte schon Angst, du wärest nach Hause gegangen.

Dirk: Was war denn los?

Karin: Die Fahrt war fürchterlich. Als ich in Salzburg einstieg, war der Zug so voll, daß ich zuerst keinen Sitzplatz bekam.

Dirk: Du mußtest doch in München umsteigen. Hast du den Anschlu zug verpaßt?

Karin: Das war ja das Schlimme. Der Zug von Salzburg hatte eine halbe Stunde Verspätung. Als wir endlich in München ankamen, war der Zug nach Köln schon abgefahren.

Dirk: Arme Karin! Da hast du dich bestimmt sehr geärgert.

Karin: Ich schaute auf dem Fahrplan nach. Der nächste Zug fuhr erst in zwei Stunden.

Dirk: Was hast du denn die ganze Zeit gemacht?

Karin: Ich hatte mich gerade auf die Bank gesetzt, als ein junger Engländer mich fragte, wann der nächste Zug nach Bonn führe.

Dirk: Nach Bonn? Dann mußte er ja auf denselben Zug wie du warten.

Karin: Richtig. Wir hatten also zwei Stunden Zeit. Michael, so heißt der Engländer, war noch nie in München gewesen, und so wollte er . . .

Dirk: . . . in einen Biergarten gehen.

Karin: Stimmt. Aber woher weißt du denn das?

Dirk: Das wollen alle Ausländer in München.

Karin: Das haben wir dann auch gemacht.

Dirk: Schnell, Karin, gib mir einen Kuß. Sonst werde ich noch ganz eifersüchtig auf diesen Michael.

Fragen

1. *Wen will Dirk vom Bahnhof abholen?*
2. *Wie lange hat er auf Karin warten müssen?*
3. *Woher ist sie gekommen?*
4. *Was für eine Fahrt hat sie gehabt?*
5. *Wo mußte Karin umsteigen?*
6. *Warum hat sie den Anschlußzug verpaßt?*
7. *Worüber hat sie sich geärgert?*
8. *Wen hat sie auf dem Bahnsteig kennengelernt?*
9. *Wohin wollte der Engländer fahren?*
10. *Wohin sind Karin und Michael gegangen?*

Gespräch

Sie haben im Juli von Köln einen Ausflug nach Cochem an die Mosel gemacht. Ein Bekannter interessiert sich sehr für diese Fahrt und möchte alles genau wissen. Sie zeigen ihm zuerst die Reisebroschüre, dann beantworten Sie seine Fragen.

Ganztagesausflug vom unteren Mittelrhein über Koblenz nach Cochem
Dieses kombinierte Fahrangebot bietet die Möglichkeit von Düsseldorf, Köln oder Bonn einen Ganztagesausflug mit dem Schiff auf der Mosel zu machen. Sie fahren mit dem Zug bis nach Winningen und steigen dort in das Schiff ein. In Cochem haben Sie genug Zeit für einen Bummel durch das schöne Moselstädtchen mit seiner imposanten Burg. Am Nachmittag reisen Sie mit Schiff und Bahn wieder nach Hause.
Diese Fahrten werden vom 16. Mai bis 10. Oktober durchgeführt.

Fahrplan-Beispiel für Köln:

mit Bahn		
Köln Hbf.	ab	7.58
Koblenz Hbf. (umsteigen)	an	8.58
Koblenz Hbf.	ab	9.16
Winningen	an	9.27

mit Schiff			
Winningen	ab	9.45	
Cochem	an	13.15	
		(bis 12.9.)	(ab 13.9.)
Cochem	ab	16.15	15.30
Koblenz	an	20.30	19.45

mit Bahn				
Koblenz Hbf.	ab	20.52	21.29	21.36
Köln Hbf.	an	21.56	22.29	23.24

Der ermäßigte Fahrpreis, einschl Schiffsreise beträgt pro Erwachsener ab

Düsseldorf Hbf.	DM 41,20	Bonn Hbf.	DM 28,60
Köln Hbf.	DM 34,90	Bad Honnef	DM 26,70

1. **Wie sind Sie denn nach Cochem gefahren?**
2. **Wann fuhr der Zug von Köln ab?**
3. **Wie weit sind Sie mit dem Zug gefahren?**
4. **Wo mußten Sie unterwegs umsteigen?**
5. **Wie lange haben Sie dort Aufenthalt gehabt?**
6. **Wie lange hat die Schiffsfahrt gedauert?**
7. **Wieviel Zeit haben Sie in Cochem gehabt?**
8. **Was haben Sie in Cochem gemacht?**
9. **Wann hat das Schiff wieder in Koblenz angelegt?**
10. **Was hat die Fahrt gekostet?**

Abfahrt von Hamburger Bahnhöfen:

Zug Nr	Altona	Gleis	Damm-tor	Hamburg Hbf	Gleis	Harburg	Gleis	In Richtung
IC 117	}10.27	10	}10.34	}10.40	12	—	—	Bremen 11.39 | Dortmund 13.38 Essen 13.59 Düsseldorf 14.27 — Köln 14.52 — Bonn 15.13 MAINZ 16.39 — München 21.09 1. Kl ✕ Gambrinus
:D 1536	}10.39	11	}10.46	}10.55	12	}11.10	2	Bremen 12.01 Essen 14.41 DÜSSELDORF 15.14
:D 536	10.54	9	11.01	11.10	12	11.26	2	Bremen 12.19 Münster 13.59 Essen 15.00 — Duisburg 15.24 — Krefeld 15.40 — AACHEN 16.40 Y, † u nach † = (▭ Köln 16.19, ▭ Paris 22.08)
:D 585	10.59	11	11.06	11.15	11	11.30	4	Hannover 12.58 | Würzburg 17.17 Nürnberg 18.39 — PASSAU 21.37 (▭ Stuttgart 19.41) Y
:D 490	—	—	—	11.28	5	10.53	3	Lübeck 12.05—Puttgarden 13.13 KOPENHAGEN 16.29 Y Hansa-City
TEE 73	11.27	11	11.34	11.40	12	—	—	Hannover 13.04 Frankfurt 16.29 Mannheim 17.21 — Basel SBB 19.40 ZÜRICH 20.51 Helvetia 1. Kl ✕
:D 532	11.54	11	12.01	12.10	12	—	—	Bremen 13.16 — Münster 14.52 — Dortmund 15.29 — Wuppertal-Elberfeld 16.21 — KÖLN 16.59 ⊠,

▭ = Zug führt durchlaufende Wagen (Kurswagen), ✕ = Speisewagen
Y = Speisen und Getränke im Zug erhältlich ⊠ = Büfettwagen [2])

Im Reisebüro in Hamburg

Frau Ebert: Ich möchte am Freitag nach Köln fahren, und zwar möchte ich am Nachmittag dort ankommen.

Angestellter: Fahren Sie mit dem Intercity um 10.40 Uhr, dann sind Sie um 14.52 Uhr in Köln.

Frau Ebert: Intercity sagen Sie? Der hat doch nur erste Klasse. Nein, das kann ich mir nicht leisten. Ich möchte mit einem D-Zug fahren.

Angestellter: Dann können Sie um 11.10 Uhr fahren. Der Zug fährt zwar nach Aachen, hat aber einen Kurswagen nach Köln.

Frau Ebert: Das ist mir viel zu kompliziert. Da steige ich bestimmt in den verkehrten Wagen ein. Fährt denn kein anderer Zug?

Angestellter: Aber gewiß doch, gnädige Frau. Fahren Sie um 12.10 Uhr hier vom Hauptbahnhof ab, und dann sind Sie um 16.59 Uhr in Köln.

Frau Ebert: Von welchem Gleis fährt der Zug?

Angestellter: Von Gleis 12.

Frau Ebert: Kann ich im Zug auch etwas zu essen bekommen?

Angestellter: Aber natürlich. Sie brauchen nicht zu hungern. Der Zug hat einen Büfettwagen. Wollen Sie Ihre Fahrkarte gleich heute lösen?

Frau Ebert: Ja, bitte. Geben Sie mir eine einfache Karte, keine Rückfahrkarte. Ich fahre nämlich zu meiner Tochter, und da möchte ich recht lange bleiben.

Mit verteilten Rollen

Andere Kunden kommen ins Reisebüro. Spielen Sie zusammen mit einem Partner die Rollen des Kunden und des Angestellten.

(a) Fräulein Wehner möchte eine Fahrkarte für ihren Chef, der am Montag zu einem Kongreß nach Zürich fahren will.

(b) Herr Kühnert wohnt in Harburg und möchte mit seiner Verlobten das Wochenende in Kopenhagen verbringen.

(c) Sonja wird als 'au pair' Mädchen ein halbes Jahr in Paris arbeiten.

8 Gehören Sie einem Klub an?

Im Jugendklub ist Tanz

Thomas: Was machst du heute abend, Karl-Heinz?

Karl-Heinz: Ich gehe in den Jugendklub.

Thomas: So, ist das denn interessant?

Karl-Heinz: Ja, man lernt dort viele Jungen und Mädchen kennen. Ich spiele dort Federball und Tischtennis. Dann gibt es dort viele Schallplatten, die man sich anhören kann. Und alle 14 Tage findet ein Diskussionsabend statt. Den versäume ich nie. Wir sprechen über verschiedene Themen. Du weißt ja, ich diskutiere gern, und es ist interessant, die Meinung der anderen zu hören.

Thomas: Hm, das ist nichts für mich. Aber ich bastele sehr gern. Gibt es dafür Möglichkeiten?

Karl-Heinz: Ja, natürlich. Ein Freund von mir, Joachim, hat neulich sein erstes Modellflugzeug gebaut. Er ist jetzt ein richtiger Fanatiker.

Thomas: Prima! Und was ist heute abend los?

Karl-Heinz: Jeden Freitag ist Tanz. Dann kommen immer viele Jungen und Mädchen, die nicht Mitglieder des Klubs sind. Heute abend spielen die "Thunderbolts", und das kostet extra Eintritt.

Thomas: Toll! Das ist meine Lieblingsband. Kann ich wohl mit dir gehen?

Karl-Heinz: Natürlich. Aber zuerst muß ich Monika abholen.

Thomas: Oh, là, là! Da störe ich euch wohl?

Karl-Heinz: Nein, aber bring doch Jutta mit!

Thomas: Das ist ja mein Kummer. Zwischen Jutta und mir ist es aus. Sie will nichts mehr von mir wissen.

Karl-Heinz: Ach, ärgere dich nicht darüber. Ich frage Monika, ob sie eine Freundin mitbringen kann. Dann sind wir zu viert, und das macht mehr Spaß.

Thomas:	Einverstanden. Wann treffen wir uns?
Karl-Heinz:	Um acht Uhr, vor dem Jugendklub.

Fragen

1. *Wohin will Karl-Heinz heute abend gehen?*
2. *Ist Thomas Mitglied des Jugendklubs?*
3. *Was für Sport kann man im Jugendklub treiben?*
4. *Wofür interessiert sich Karl-Heinz?*
5. *Was hören wir von Joachim?*
6. *Was findet jeden Freitag im Klub statt?*
7. *Was hält Thomas von der Band, die heute abend spielt?*
8. *Warum will Thomas Jutta nicht mit in den Klub bringen?*
9. *Was schlägt Karl-Heinz vor, damit sie zu viert ausgehen können?*
10. *Wann und wo wollen sie sich treffen?*

Gespräch

1. **Ist bei dir ein Jugendklub in der Nähe?**
2. **Gehst du in einen Jugendklub? Warum oder warum nicht?**
3. **Bist du Mitglied eines anderen Klubs? Wenn ja, von welchem?**
4. **Was für ein Hobby hast du?**
5. **Um dein Hobby auszuüben, ist es wichtig, daß du einem Klub angehörst?**
6. **Bist du der Meinung, daß es mehr Klubs für junge Leute geben sollte?**
7. **Was sollte man im Jugendklub alles machen können?**
8. **Bist du lieber mit Jungen oder mit Mädchen zusammen?**
9. **Wo hast du deinen Freund [deine Freundin] kennengelernt?**
10. **Wie oft seht ihr euch, und welche gemeinsamen Interessen habt ihr?**

Mit verteilten Rollen

Lieber allein oder mit anderen zusammen?

A. The following conversation will help you to discuss the pros and cons of joining a club. Read it carefully.

Christa: Du wanderst doch gern, Dieter. Warum kommst du denn nicht mit dem Klub wandern?

Dieter: Das sind mir viel zu viele Menschen.

Christa: Es ist doch interessant, andere junge Leute kennenzulernen.

Dieter: Ich weiß nicht. Wenn ich wandere, will ich die Natur genießen und die Tiere beobachten Da stören mich nur die anderen Menschen.

Christa: Das ist doch langweilig, den ganzen Tag allein zu sein.

Dieter: Ich bin nicht allein. Mein Freund kommt mit.

Christa: Ich wandere lieber mit dem Klub. Dann brauche ich mir keine Sorgen um den richtigen Weg zu machen.

Dieter: Aber das macht mir gerade Spaß, die Strecke zu planen und mit Karte und Kompaß zu wandern.

B. Was denken Sie darüber?
Welche Vor- und Nachteile hat ein Wanderklub?
Würden Sie lieber mit einem Klub wandern oder allein?

C. Was sagen Günter und Karin? Mit einem Partner zusammen spielen Sie die Rollen von Günter und Karin.

Günter meint: Ich bekomme Schwimmunterricht, ich lerne besser und schneller schwimmen, ich schwimme regelmäßig ich kann an Wettkämpfen teilnehmen . . .

Karin meint: Ich habe nicht genug Zeit, ich schwimme nur zum Vergnügen und um fit zu bleiben, ich habe keinen Ehrgeiz, eine gute Schwimmerin zu sein . . .

D. Monika spielt Klavier in einem Orchester, Wolfram nur so für sich.

Was sagen Monika und Wolfram? Mit einem Partner zusammen spielen Sie die Rollen von Monika und Wolfram.

Monika meint: Es macht mir Spaß, mit anderen zusammen zu spielen. Ich lerne viel und muß regelmäßig üben. Einmal in der Woche ist Probe, und zweimal im Jahr gibt das Orchester ein Konzert.

Wolfram meint: Ich spiele am liebsten Folksongs und Popmusik. Ich singe dazu und schreibe einige Texte selbst.

9 Ferien

Im Reisebüro

Angestellter: Sie wollen vierzehn Tage verreisen. Wohin wollen Sie denn fahren?

Erika: Nach Italien, natürlich. Meine Kollegin war letzten Sommer da, und sie schwärmt noch immer davon. Jeden Tag schien die Sonne. Sie war ganz braun, als sie zurückkam.

Ludwig: Aber ich mag keine Spaghetti und auch keine Pizzas. Und vor allem möchte ich nicht von morgens bis abends in der Sonne liegen. Das ist ja langweilig. Ich möchte in den Alpen wandern.

Erika: Das ist mir viel zu anstrengend. In den Ferien will ich mich ausruhen und nicht jeden Tag auf einen anderen Berg steigen.

Angestellter: Darf ich Ihnen etwas vorschlagen? Fahren Sie doch in den Schwarzwald. Da ist das Wetter auch meistens warm, und die Berge sind nicht so hoch. Sie können dort kleine Spaziergänge oder auch größere Wanderungen machen.

Ludwig: Keine schlechte Idee. Was meinst du, Erika?

Erika: Meinetwegen. Haben Sie etwas Preiswertes da?

Angestellter: Die Hotels sind Ihnen wohl zu teuer. Hier ist ein Gasthaus in Hinterzarten, das ist nicht weit von Freiburg. Die Gegend ist sehr schön. Im Juni und September sind dort noch Doppelzimmer frei.

Erika: Ja, das ist uns recht. Am 3. Juni können wir Urlaub nehmen.

Angestellter: Gut, ich lasse Ihnen ein Doppelzimmer reservieren. Wollen Sie Vollpension oder Halbpension.

Erika: Vollpension, bitte.

Ludwig: Nein, Erika, dafür haben wir nicht genug Geld. Du sagst doch immer, daß du auf deine schlanke Linie achten mußt.

Angestellter: Also, ein Doppelzimmer mit Halbpension vom 3. bis zum 17. Juni.

Fragen

1. *Wie lange haben Erika und Ludwig Urlaub?*
2. *Wohin möchte Erika fahren?*
3. *Warum möchte sie dorthin fahren?*
4. *Warum ist ihr Mann damit nicht einverstanden?*
5. *Was möchte er in den Ferien machen?*
6. *Was findet Erika viel zu anstengend?*
7. *Was für einen Vorschlag macht ihnen der Herr im Reisebüro?*
8. *Wann können sie Urlaub nehmen?*
9. *Wo werden sie wohnen?*
10. *Wie überredet Ludwig seine Frau, daß Halbpension ausreicht?*

Gespräch

1. **Wohin haben Sie Ihre letzte Ferienreise gemacht?**
2. **Wann war das?**
3. **Wie lange waren Sie dort?**
4. **Fahren Sie lieber an die See, in die Berge oder in eine interessante Stadt?**
5. **Was für ein Klima mögen Sie gern?**
6. **Was machen Sie in den Ferien? Treiben Sie Sport, oder sehen Sie sich Museen und Kunstgallerien an und gehen ins Theater?**
7. **Wo haben Sie in den Ferien gewohnt?**
8. **Was für Leute haben Sie kennengelernt?**
9. **Fahren Sie lieber mit Ihren Eltern oder mit Freunden in die Ferien? Warum?**
10. **Wohin würden Sie fahren, wenn Sie viel Geld hätten, und was würden Sie dort machen?**

Mit verteilten Rollen

Im Hotel "Grüner Kranz"

In Ihren Ferien arbeiten Sie in der Empfangshalle eines Hotels. Eine Dame kommt zu Ihnen und möchte ein Zimmer haben.

A. Mit einem Partner zusammen lesen Sie das folgende Gespräch.

Dame: Haben Sie ein Einzelzimmer frei?

Empfangsdame: Ja, wie lange wollen Sie bleiben?

Dame: Fünf Tage.

Empfangsdame: Wollen Sie ein Zimmer mit Bad oder Dusche?

Dame: Mit Bad, bitte. Das Zimmer muß ruhig sein. Ich schlafe nämlich sehr schlecht.

Empfangsdame: Zimmer 15 ist noch frei. Das liegt nach hinten. Da hören Sie den Verkehr überhaupt nicht.

Dame: Was kostet das Zimmer?

Empfangsdame: 45 DM pro Nacht, inklusive Frühstück, Mehrwertsteuer und Bedienung.

Dame: Gut. Ab wann gibt es Frühstück?

Empfangsdame: Frühstück wird von 7 Uhr bis 9.30 Uhr serviert. Hier ist Ihr Schlüssel. Das Zimmer liegt im ersten Stock. Der Portier wird Sie hinaufführen.

Name des Hauses Inhaber, Straße u. Haus-Nr. Telefon-Nr. **Hotels**	Zahl der Zimmer 1-Bett	 2-Bett	Endpreise einschl. Bedienung und Mehrwertsteuer ohne Bad/Dusche Übernacht. pro Person incl. Frühst.	 Vollpension je Tag/Pers.	Besondere Einrichtungen *
„Schloß Zell“, Jakob Bohn, Schloßstr. 8 a, Tel. 4084	1	7	35,00	Nach Vereinbarung	
„Berghotel Marienburg“, Tel. 2382	3	7	18,00	31,00	ZB, ZD, ZBWC, ZDWC, Z, fW, P, MB, herrliche Aussicht, gute Autostraße
„Grüner Kranz“, Fritz Münster, Balduinstr. 13, Tel. 4276	5	14	38,00	45,00	Z, fW, ZBWC, ZDWC, Zi,m,Balkon, Zimmertelefon, Stereoanlage, Lift, MB, direkt am Moselufer, Hallenbad u. Sauna, GP, eiW

EB – Etagenbad
ZB – Zimmer m. Bad
ZD – Zimmer m. Dusche
ZBWC – Zimmer m. Bad/WC
ZDWC – Zimmer m. Dusche/WC
Z – Zentralheizung
fK – Fließend kaltes Wasesr

T – Terrasse
fW – Fließend warmes Wasser
GP – Garage oder Parkmöglichkeit
MB – Moselblick bzw. Terrasse
LW – Liegewiese
eiW – eigener Weinbau
* – Halbpension nach Vereinbarung

B. Was für ein Zimmer wollen diese Leute, und was sagt die Empfangsdam

1. Rolf und Inge befinden sich auf Hochzeitsreise. Sie wollen eine Woche in Luxus leben. Sie möchten ein Zimmer mit Balkon und Blick auf die Mosel. Sie nehmen Vollpension und wollen wissen, wo sie schwimmen können.

2. Vicki und Peter sind mit dem Zelt unterwegs. Weil es in Strömen regnet, haben sie beschlossen, im Hotel zu übernachten. Sie können sich aber nur das billigste Zimmer leisten.

3. Herr Biber ist Exportkaufmann. Er möchte ein Zimmer mit Telefon und Stereoanlage für zwei Nächte. Er will wissen, wo er sein Auto parken kann und ob das Hotel eine Sauna hat. Dann möchte er noch eine Flasche Wein aus dem eigenen Weinbau auf sein Zimmer haben.

10 Eine Party

Was machen wir nur?

An ihrem Geburtstag gibt Elke eine Party. Ihr Freund Heiner hilft ihr dabei.

Elke: Hier sind die Luftballons. Beeile dich, Heiner. In einer Stunde kommen die Gäste, und wir sind noch nicht fertig. Die Kerzen fehlen auch noch. Wo sind sie denn?

Heiner: Ich hole sie gleich. Du hast sie in der Küche gelassen.

Elke: Bring doch auch die Erdnüsse und das Käsegebäck mit. Wir brauchen noch mehr Kissen, damit sich alle setzen können. Ach, wir werden nie fertig!

Heiner: Immer langsam, Elke! Natürlich werden wir fertig. Das ist doch nicht unsere erste Party.

Elke: Ach, Heiner! Ich muß auch noch die belegten Brote machen.

Heiner: Weißt du was, Elke? Ich lege erst einmal eine Schallplatte auf. Mit Musik geht alles besser. Dann helfe ich dir mit den Wurst-und Käsebroten.

Elke: Das ist eine gute Idee. Spiel doch die Platte, die du mir geschenkt hast. Ich höre sie sehr gern.

Heiner: Das freut mich. Herzlichen Glückwunsch zum Geburtstag, Elke! Komm, gib mir einen Kuß. — So, und jetzt stoßen wir mit Limonade an. Wo ist denn die Limonade?

Elke: Die habe ich in den Kühlschrank gestellt.

Heiner: Im Kühlschrank stehen ja nur zwei Flaschen. Wo ist denn der Apfelsaft und das Bier?

Elke: Was! — Du meine Güte! Ich habe die Getränke ganz vergessen. Heute morgen, als ich im Supermarkt einkaufte, waren mir die Flaschen zu schwer. Was machen wir nur?

Heiner: Es ist sieben Uhr. Die Geschäfte im Bahnhof sind bestimmt noch auf. Ich fahre schnell dorthin und kaufe ein paar Dutzend Flaschen.

Fragen

1. *Warum gibt Elke eine Party?*
2. *Wann beginnt die Party?*
3. *Womit schmücken Elke und Heiner das Zimmer?*
4. *Wo werden die Gäste sitzen?*
5. *Was wird es zu essen geben?*
6. *Was glauben Sie, was für Musik werden die beiden spielen?*
7. *Was hat Heiner seiner Freundin zum Geburtstag geschenkt?*
8. *Womit wollen Heiner und Elke anstoßen?*
9. *Warum ist Elke so plötzlich erschrocken?*
10. *Warum will Heiner zum Bahnhof fahren?*

Gespräch

1. **Wen hast du zu deinem letzten Geburtstag eingeladen?**
2. **In welchem Zimmer hat die Party stattgefunden?**
3. **Wo waren deine Eltern?**
4. **Was hast du deinen Gästen zu essen und zu trinken angeboten?**
5. **Was haben deine Gäste dir zum Geburtstag geschenkt?**
6. **Um wieviel Uhr hat die Party angefangen?**
7. **Wann sind deine Gäste nach Hause gegangen?**
8. **Was für Schallplatten hast du gespielt?**
9. **Was haben die Mädchen angehabt, Röcke oder Hosen?**
10. **Wie oft lädst du deine Freunde zu einer Party ein, einmal im Jahr oder öfter?**

Mit verteilten Rollen

A. Gerhard möchte ein paar Freunde einladen

Hier bespricht er die Einzelheiten mit seiner Mutter. Sie möchte wissen, wen er einladen will, was sie essen und trinken wollen, wie er seine Gäste unterhalten will (Musik, Tanz, Spiele, Quiz . . .). Gerhard schlägt vor, daß seine Eltern ins Theater gehen sollen, dann würde der Lärm sie nicht stören.
So könnten Gerhard und seine Mutter das Gespräch beginnen:

Gerhard: Mutti, darf ich am nächsten Samstag ein paar Freunde einladen?

Mutter: Ja, wenn Vati damit einverstanden ist. Ich habe nichts dagegen.

Gerhard: Ich habe Vati schon gefragt, und er hat es mir erlaubt.

Mutter: . . .

B. Wie war die Party?

Elke erzählt ihrem Vater am nächsten Morgen von der Party. Er fragt sie, was ihr die Gäste geschenkt haben, was die Jungen und Mädchen angehabt haben, ob Gerhard seine Gitarre mitgebracht hat, wie lange die Party gedauert hat, wer ihr beim Aufräumen geholfen hat . . .

So könnte das Gespräch beginnen:

Vater: Na, Elke, war deine Party ein Erfolg?

Elke: Ja, die Gäste haben sich gut amüsiert. Es hat uns allen Spaß gemacht. Heiner hat viele Witze erzählt, und wir haben gelacht.

Vater: . . .

11 Bücher

In der Volksbücherei

Herr Junk: Dieses Buch über das Liebesleben der Eskimos war wirklich sehr aufschlußreich. Herzlichen Dank für Ihre Empfehlung.

Bibliothekarin: Es freut mich, daß Ihnen das Buch gefallen hat.

Herr Junk: In der nächsten Woche muß ich einen Vortrag im Tierschutzverein über die Fuchsjagd in Großbritannien halten. Haben Sie wohl etwas über dieses Thema?

Bibliothekarin: Ganz bestimmt. Ich schaue gleich im Katalog nach.

Herr Junk: Bleiben Sie noch einen Augenblick. Ich kann abends immer so schlecht einschlafen. Da möchte ich gern einen Liebesroman lesen. Er muß aber ein Happy-End haben.

Bibliothekarin: Kennen Sie diesen Roman schon? Er handelt von dem Mädchen Wanda. Wanda wird sehr von Albert geliebt. Sie will jedoch nichts von ihm wissen und lebt mit Charlie zusammen. Charlie ist ein Erpresser und Gangster und nutzt sie aus. Am Ende kehrt sie reumütig zu ihrem treuen Albert zurück, der sie mit offenen Armen empfängt und ihr alles verzeiht.

Herr Junk: Das ist ja eine rührende Geschichte. Die wird mir bestimmt gefallen. —Ich habe dann noch einen Wunsch. Es ist mir peinlich, gerade Sie danach zu fragen. Haben Sie wohl etwas über das Thema 'Wie hat man Erfolg bei Frauen'?

Bibliothekarin: Herr Junk, seit drei Wochen kommen Sie regelmäßig. Jeden Tag leihen Sie sich andere Bücher aus. So viel können Sie ja gar nicht lesen. Nun hören Sie mal gut zu. In zehn Minuten kommt mein Freund, um mich abzuholen. Es gibt auch noch andere Mädchen.

Herr Junk: Wie schade! Mit den anderen kann ich nicht so wie mit Ihnen über das Liebesleben der Eskimos diskutieren.

Fragen

1. *Worüber war das Buch, das Herr Junk gelesen hat?*
2. *Wer hat ihm das Buch empfohlen?*
3. *Warum möchte er jetzt ein Buch über die Fuchsjagd lesen?*
4. *Was für ein Buch will er vor dem Einschlafen lesen?*
5. *Wie heißt die Hauptperson in dem Liebesroman, den die Bibliothekarin ihm empfiehlt?*
6. *Was meinen Sie, warum liebt Wanda Charlie?*
7. *Was halten Sie von Albert?*
8. *Worüber soll das dritte Buch sein, das Herr Junk haben möchte?*
9. *Warum will er gerade über so ein Thema lesen?*
10. *Warum ist Herr Junk am Ende enttäuscht?*

Lesen Sie gern?

Gespräch

Stellen Sie Ihrem Partner diese Fragen. Ihr Partner wird sich die Antwort aussuchen, die am besten auf ihn zutrifft. Er darf natürlich auch eine eigene Antwort geben.
Wenn das Gespräch zu Ende ist, wird Ihr Partner Sie fragen, und Sie werden antworten.

1. Lesen Sie viel in Ihrer Freizeit?
- **(a) Nein, ich muß für die Schule viele Bücher lesen. Da sehe ich abends lieber fern.**
- **(b) Ja, ich lese leidenschaftlich gern und sehr viel.**

2. Kaufen Sie sich Bücher von Ihrem Taschengeld, oder lassen Sie sich Bücher zum Geburtstag und zu Weihnachten schenken?
- **(a) Ich kaufe mir sehr selten ein Buch. Ich kaufe lieber Schallplatten. Aber ich bekomme meist ein Buch zu Weihnachten und zum Geburtstag.**
- **(b) Ich kaufe mir öfter Taschenbücher.**

3. Wie oft gehen Sie in die Stadtbücherei?
- **(a) Ich gehe einmal im Monat in die Bücherei.**
- **(b) ungefähr alle vierzehn Tage.**
- **(c) sehr selten**

4. Was für Bücher lesen Sie gern?

(a) Ich interessiere mich sehr für Sport (Musik, Kunst, das Theater; Tiere; Naturwissenschaften, Astronomie, Medizin, Geschichte . . .). Ich selbst spiele Golf (ich male, bin in einer Laienspielgruppe, mache gern Experimente, habe ein Fernrohr . . .), und ich kann viel von Büchern lernen.

(b) Ich lese gern Biographien. Das Leben berühmter Leute ist sehr interessant. Oft staune ich, was für Schwierigkeiten sie hatten, bevor sie anerkannt wurden.

(c) Am liebsten lese ich über fremde Länder und die Sitten und Gebräuche der Menschen, die dort wohnen. Später, wenn ich Geld habe, möchte ich viel reisen.

(d) Ich lese meistens im Bett, bevor ich einschlafe. Da lese ich am liebsten einen Liebesroman, weil ich weiß, daß er ein Happy-End hat

(e) Ich lese zur Unterhaltung und zum Vergnügen. Deshalb lese ich gern einen spannenden Kriminalroman oder ein Abenteuerbuch. Ich weiß, es nimmt alles ein gutes Ende.

5. Was für eine deutsche Lektüre haben Sie zuletzt gelesen?

In der Schule haben wir zuletzt . . . (Titel) gelesen. Es ist ein Buch von...(Name des Autors).

6. Konnten Sie die Geschichte gut verstehen, oder fanden Sie das Buch zu schwer? Waren zu viele neue Wörter darin?

(a) Ich mußte viele Wörter nachschlagen. Das hat sehr lange gedauert, und deshalb hat es mir keinen Spaß gemacht.

(b) Ich konnte vieles nicht verstehen, und deshalb habe ich das Interesse an dem Buch verloren.

(c) Es war nicht zu schwierig. Ich brauchte nur einige Wörter nachzuschlagen.

7. Welche Lektüre hat Ihnen am besten gefallen?

"Interhotel" hat mir am besten gefallen.

8. Wovon handelt das Buch?

Das Buch handelt von dem Mädchen Angelika. Sie ist Skilehrerin und heiratet einen Miliionär. Mit dem Geld Ihres Mannes finanziert sie ein internationales Jugendlager, wo Jugendliche aus aller Welt zusammenkommen, um Sport zu treiben und zu diskutieren.

9. Warum hat Ihnen das Buch gefallen?

(a) Es hat mir gefallen, weil es von jungen Leuten handelt, die in meinem Alter sind und ähnliche Interessen haben wie ich.

(b) Es ist eine traurige Geschichte, aber sie könnte wahr sein.

(c) Es hat mir gefallen, weil am Ende alles gut ausgeht.
weil es lustig ist.
weil ich gern über berühmte Leute lese.
weil ich gern über fremde Länder lese.

12 Überfälle und Schlägereien

Banküberfall

Irmgard: Hast du von dem Banküberfall im Radio gehört?

Heinz: Nein. Was ist denn passiert?

Irmgard: Zwei maskierte Männer sind in die Stadtsparkasse in Opladen eingebrochen.

Heinz: Waren sie bewaffnet?

Irmgard: Ja, der eine hatte eine Pistole. Er zog die Pistole und drohte damit dem Kassierer. Es war nur noch eine andere Angestellte im Schalterraum.

Heinz: Erzähle schon weiter.

Irmgard: Die Einbrecher haben zuest den Kassierer gefesselt und dann die Angestellte.

Heinz: Haben sich die beiden denn nicht zur Wehr gesetzt?

Irmgard: Nein, ich glaube, es ging alles so schnell. Sie hatten keine Zeit dazu.

Heinz: Dann haben die beiden Männer also das ganze Geld genommen?

Irmgard: Als sie das Geld einpackten, gelang es dem Kassierer, die Alarmanlage einzuschalten.

Heinz: Na, Gott sei Dank! Wie lange dauerte es, bis die Polizei kam?

Irmgard: Die Polizei war schnell zur Stelle. Aber die Bankräuber hatten die Türen abgeschlossen. Sie drohten, ihre beiden Geiseln zu töten, wenn die Polizei mit Gewalt einbräche.

Heinz: Das ist ja schrecklich. Was forderten die Bankräuber?

Irmgard: Sie wollten freien Abzug, einen Mercedes zum Flughafen und ein Flugzeug nach Kuba.

Heinz: Na, die sind aber bescheiden. Und was machte die Polizei?

Irmgard: Sie hat das Gebäude umstellt und verhandelt noch immer mit den beiden. Stelle doch bitte das Radio an, vielleicht gibt es eine Sonderdurchsage.

Fragen

1. *Wie sahen die Bankräuber aus?*
2. *Was für Waffen hatten sie?*
3. *Wie viele Angestellten waren im Schalterraum?*
4. *Was machten die Bankräuber mit den Angestellten?*
5. *Wann gelang es dem Kassierer, die Alarmanlage einzuschalten?*
6. *Was machten die Bankräuber, als sie den Alarm hörten?*
7. *Warum öffneten die Polizisten nicht gewaltsam die Tür?*
8. *Was fordern die Bankräuber?*
9. *Wie reagierte die Polizei auf diese Forderungen?*
10. *Warum will Irmgard jetzt Radio hören?*

Mit verteilten Rollen

Aus der "Düsseldorfer Stadtpost"

Schlägerei in der Gaststätte an der Kölner Straße

Der 22 Jahre alte Autoschlosser Rudolf M. wollte in dieser Nacht nicht nur Gast sein, sondern auch Diskjockey. Er bekam auch die Genehmigung des Wirts, Platten nach eigenem Wunsch aufzulegen. Rudolf M. arrangierte ein gutes Programm, aber es war zu laut.

Das dachte jedenfalls ein in der Gaststätte arbeitender Kellner. Durch den Lärm in Rage versetzt, ging er auf den Hobby-Diskjockey zu und schlug mit der Faust auf ihn ein. Der Autoschlosser liegt nun mit gebrochenen Rippen im Krankenhaus.

Rudolf M., der Autoschlosser, erzählt seiner Freundin Angelika, die ihn im Krankenhaus besucht, den Vorfall.

So könnten die beiden anfangen:

Angelika: Armer Rudolf! Hast du große Schmerzen? Dein linkes Auge ist ja ganz blau und geschwollen.

Rudolf: Alles tut mir weh. Ich kann mich kaum bewegen.

Angelika: Was ist denn passiert?

Aus der "Düsseldorfer Stadtpost"

Raubüberfall
Zwei Jugendliche im Alter von 18 Jahren haben gestern abend um 11 Uhr einen 55 Jahre alten Koch auf der Klosterstraße überfallen. Sie haben ihn mit einer Pistole bedroht und zur Herausgabe von 250 DM gezwungen. Dann haben sie ihn zusammengeschlagen. Der Koch wurde später von Passanten gefunden und mußte ins Krankenhaus gebracht werden.

Bevor die Reporterin diesen Bericht schrieb, hat sie Herrn Matthias, den Koch, interviewt.

Mit einem Partner zusammen spielen Sie die Rollen der Reporterin und des Kochs.

Reporterin: Wo waren Sie gestern abend?

Herr Matthias: Am Dienstag arbeite ich immer spät...

13 Unfälle

Erschrick nicht!

Sigrid: Gut, daß du da bist, Manfred.

Manfred: Du siehst ja so blaß aus. Was ist los? Und wo ist Karl?

Sigrid: Erschrick nicht. Karl ist im Krankenhaus. Es geht ihm aber schon besser.

Manfred: Was ist denn passiert?

Sigrid: Karl wollte die neue Lampe im Wohnzimmer anbringen. Ich glaube, er hat einen leichten elektrischen Schlag bekommen. Er verlor das Gleichgewicht und fiel von der Leiter.

Manfred: Um Gottes willen! Hat er sich weh getan?

Sigrid: Beim Fallen schlug er mit dem Kopf gegen die Tischkante. Er lag ganz still da und rührte sich nicht. Ich bekam einen gewaltigen Schrecken.

Manfred: Wie lange lag er bewußtlos da?

Sigrid: Ungefähr nach zehn Minuten kam er wieder zu sich. Ich rief Dr. Rosbach an. Er sagte, ich sollte Karl lieber ins Krankenhaus bringen. Dort könnte man ihn gründlich untersuchen.

Manfred: Hast du das Krankenhaus angerufen?

Sigrid: Ja, und es dauerte nicht lange, bis ein Krankenwagen kam.

Manfred: Konnte Karl aufstehen?

Sigrid: Er versuchte es, aber er war immer noch betäubt. Die Männer legten ihn auf die Tragbahre. Im Krankenhaus wurde Karl sofort geröntgt.

Manfred: Hast du mit dem Arzt gesprochen?

Sigrid: Ja, natürlich. Karl hat eine Gehirnerschütterung, aber gebrochen hat er sich nichts. Er muß ganz ruhig liegen bleiben und darf in den nächsten Tagen nicht aufstehen.

Manfred: 'Ruhig', sagst du, das wird ihm ja furchtbar schwer fallen. Wie geht es ihm denn jetzt?

Sigrid: Als ich ihn verließ, beklagte er sich sehr und sagte, er dürfe nicht fernsehen und nicht Musik hören, und die hübsche junge Krankenschwester, die so nett zu ihm war, arbeite auf der anderen Station.

Fragen

1. *Was hat Karl im Wohnzimmer gemacht?*
2. *Wie kam es, daß er von der Leiter fiel?*
3. *Warum hatte sein Sturz solche schlimmen Folgen?*
4. *Wie lange lag Karl bewußtlos da?*
5. *Wen rief Sigrid zuerst an?*
6. *Was für einen Rat erhielt sie?*
7. *Was wurde sofort mit Karl im Krankenhaus gemacht?*
8. *Was für eine Diagnose hat der Arzt gestellt?*
9. *Wie wird Karl behandelt?*
10. *Woher weiß sein Vater, daß es ihm besser geht?*

Ein Unfall

Richard trifft seine Freundin Monika und erzählt ihr von einem Verkehrsunfall, den er soeben gesehen hat. Ein 6 Jahre alter Junge, der aus der Nebenstraße kam und in die Hauptstraße einbog, wurde von einem Auto angefahren. Den Autofahrer traf keine Schuld. Er hatte keine Zeit, zu bremsen. Der Junge hatte das Vorfahrtsschild nicht beachtet und nicht angehalten. Er war verletzt und mußte ins Krankenhaus.

Monika ist der Meinung, daß die Eltern des Jungen verantwortlich sind. Ein 6 Jahre alter Junge sollte nicht allein im Stadtverkehr fahren dürfen.

Mit einem Partner zusammen spielen Sie die Rollen von Monika und Richard. So könnten Sie anfangen:

Richard: Entschuldige, Monika, daß ich dich habe warten lassen. Auf der Hauptstraße war ein Verkehrsunfall.

Monika: Was ist denn passiert?

Richard: . . .

Aus der "Düsseldorfer Stadtpost"

Autobahn-Unfall: Zeugen gesucht
Am Donnerstag vergangener Woche um 18.40 ereignete sich der Unfall auf der Autobahn Düsseldorf-Wuppertal. Ein roter Ford, älteren Baujahrs, wechselte plötzlich die Fahrbahn. Ein grüner BMW mußte ihm ausweichen, geriet ins Schleudern und fuhr gegen eine Straßenwalze. Dabei verletzte sich der 33-jährige Beifahrer in dem BMW schwer. Der Ford verschwand unerkannt. Zeugen sucht die Polizei.

Johannes Zahn hat den Unfall gesehen und meldet sich auf der Polizeiwache. Zuerst fragt der Wachtmeister nach seinem Namen und seiner Adresse und wo er sich zur Zeit des Unfalls befand . . .

Wachtmeister: Wie heißen Sie?

Johannes: Ich heiße...

14 Fernsehen

Was siehst du gern?

Petra: Hast du gestern abend ferngesehen?

Joachim: Ja, aber das Programm war nicht sehr interessant.

Petra: Hast du denn nicht den Dokumentarfilm über Amsterdam gesehen?

Joachim: Doch. Aber ich bin beinahe dabei eingeschlafen. Da passierte ja überhaupt nichts. Man sah nur alte Häuser und Kanäle.

Petra: Ich kann mir Amsterdam jetzt gut vorstellen und möchte gern im Sommer dorthin fahren.

Joachim: Wenn ich fernsehe, will ich mich nicht auch noch belehren lassen. Ich muß schon genug in der Schule lernen. Ich will mich entspannen. Am liebsten sehe ich Unterhaltungssendungen oder Lustspiele, worüber ich lachen kann.

Petra: Magst du auch Krimis?

Joachim: Ja, der am Montag war gut. Ich hätte nicht gedacht, daß der Gärtner der Mörder war.

Petra: Er war immer so nett und hilfsbereit; und dann hat er die alte Dame ganz plötzlich mit dem Seidenschal erwürgt. Es war gräßlich. Ich habe mich sehr gefürchtet.

Joachim: Meine Schwester hatte auch große Angst. Sie hat sogar in der Nacht davon geträumt. Was gibt es denn heute abend?

Petra: Im ersten Programm gibt es einen Western. Das ist nichts für mich. Und im zweiten Programm gibt es die Forsyte-Saga.

Joachim: Die werde ich mir bestimmt ansehen.

Fragen

1. *Was hat Joachim gestern abend gemacht?*
2. *Was gab es im Fernsehen?*
3. *Wie hat Joachim der Film gefallen?*

4. *Woher wissen wir, daß Petra den Film interessant gefunden hat?*
5. *Warum mag Joachim keine Dokumentarfilme?*
6. *Was für Sendungen sieht er sich gern an? Warum?*
7. *Wovon handelte der Krimi am Montag?*
8. *Wie hat Joachims Schwester der Film gefallen?*
9. *Was gibt es heute abend im Fernsehen?*
10. *Was wird sich Petra nicht ansehen?*

Gespräch

Stellen Sie Ihrem Partner diese Fragen. Bei einigen Fragen kann Ihr Partner sich eine der Antworten aussuchen, bei anderen muß er seine Antwort selbst formulieren. Anschließend wird Ihr Partner Ihnen die Fragen stellen.

1. **Haben Sie zu Hause einen Farbfernseher?**
2. **Wie viele Jahre haben Sie ihn schon?**
3. **Ist bei Ihnen zu Hause der Fernsehapparat den ganzen Abend an?**
   (a) **Nein, wir schalten den Fernseher aus, wenn das Programm nicht interessant ist.**
   (b) **. . ., wenn ich Hausaufgaben mache.**
   (c) **. . ., wenn Besuch kommt.**
   (d) **Ja, er wird erst um Mitternacht ausgeschaltet, wenn das Programm zu Ende ist.**
4. **Wer bestimmt bei Ihnen zu Hause, welches Programm Sie sehen?**
   (a) **Meistens bestimmt es mein Vater.**
   (b) **Das hängt vom Programm ab. Wenn meine Mutter gern eine Unterhaltungssendung sehen möchte und die anderen Sendungen nicht besonders interessant sind, dann schalten wir die Unterhaltungssendung ein.**

5. **Was machen Sie, wenn Ihnen ein Programm nicht gefällt und Ihre Eltern es gern sehen möchten?**
   (a) **Manchmal schaue ich es mir an.**
   (b) **Ich gehe auf mein Zimmer und höre Schallplatten.**
   (c) **Ich bleibe im Wohnzimmer und mache etwas anderes.**

6. **Wie ist es umgekehrt, wenn Sie gern ein Programm sehen wollen, wofür sich Ihre Eltern aber nicht interessieren?**
   (a) **Wenn es sonst nichts Gutes im Fernsehen gibt, darf ich die Sendung einschalten.**
   (b) **Unser alter Fernsehapparat steht bei meinem Bruder im Zimmer. Ich gehe dann dorthin und schaue mir die Sendung an.**

7. **Was macht Ihre Familie am Abend, wenn das Fernsehprogramm nicht besonders interessant ist?**
   (a) **Wir stellen den Fernseher trotzdem ein.**
   (b) **Wir hören lieber Schallplatten oder Radio.**
   (c) **Wir unterhalten uns.**
   (d) **Wir lesen Zeitungen oder Bücher.**

8. **Wann schalten Sie den Fernsehapparat abends gewöhnlich an, und wann schalten Sie ihn aus?**

9. **Ist der Fernsehapparat an, wenn Sie zu Abend essen?**

10. **Sehen Sie am Wochenende auch tagsüber fern?**

A. **Welche Sendung sehen Sie am liebsten?**
Wir fragten vier Jungen und vier Mädchen nach ihren liebsten Fernsehsendungen. Wir haben ihre Antworten in die Tabelle eingetragen.

Ich sehe	gern	sehr gern	am liebsten	Zahl der Zuschauer
Nachrichten	X X X X			4
Krimis	X X	X X X	X X	7
Spielfilme	X X X	X X X		6
Unterhaltungssendungen	X X X X			4
Shows		X X	X	3
Quizsendungen	X X X X	X X	X	7
Fernsehspiele	X X X X	X	X	6
Western Serien		X	X	2
Sportsendungen	X X	X X	X X X	7
Politische Sendungen	X X			2
Lustspiele	X	X X X	X X X X	8
Zeichentrickfilme	X X X		X X X	6
Musiksendungen	X X	X	X X X X	7

1. Welche Sendungen sind am beliebtesten?
2. Welche Sendung sehen sich alle an?
3. Welche Sendungen sehen sich die meisten an?
4. Welche Sendungen haben die wenigsten Zuschauer?

B. Fragen Sie Ihre Klassenkameraden, tragen Sie die Antworten in eine Tabelle ein. Was ist das Ergebnis Ihrer Umfrage?

Wer schaut sich was an?

Die Familie Wocker studiert das Fernsehprogramm, um zu sehen, was es am Samstag gibt. Sigrid und Helmut werden am Abend ausgehen, aber sie haben am Nachmittag Zeit, fernzusehen. Ihre Eltern werden es sich abends zu Hause gemütlich machen.

Das Fernsehprogramm von Samstag ist auf der gegenüberliegenden Seite.

1. Sigrid schwärmt für Popmusik.
(a) Welche beiden Programme wird sie sich ansehen?
(b) Wann beginnen sie?
(c) Woher kommt die Sendung am Nachmittag?

2. Helmut läuft gern Ski und bastelt gern.
(a) Welche Sendung wird er sich zuerst ansehen, und um wieviel Uhr beginnt sie?
(b) Woher kommt sie? (Wengen ist in der Schweiz)
(c) Um wieviel Uhr beginnt die andere Sendung?
(d) Was wird gebastelt?

3. Herr und Frau Wocker sehen gerne Spielfilme.
(a) Welchen berühmten Film werden sie sich zuerst ansehen?
(b) Wann beginnt er?
(c) Woher kommt er?
(d) Ist er in Farbe? Warum/ warum nicht?
(e) Wann beginnt der andere Spielfilm?
(f) Was für ein Film ist es?

4. Wie heißen die Nachrichtensendungen im I. und im 2. Programm? Wie oft und zu welchen Zeiten gibt es Nachrichten?

Fernsehprogramm von Samstag

1. Programm

12.55 Weltcup-Skirennen
Abfahrtslauf der Herren in Wengen
Reporter: Manfred Vorderwülbecke

13.55 Programmvorschau

14.25 Tagesschau

14.30 Das feuerrote Spielmobil

15.00 Punch und Jody
Punch Travers .... Glenn Ford
Lilian Charny .... Ruth Roman
Jody .... Pam Griffin
und andere
Regie: Barry Shear
Deutsche Erstaufführung

16.15 in Concert: Labelle
Popmusik aus Amerika

16.30 ARD-Ratgeber: Technik

17.15 Blickfeld
Kirche und Gesellschaft

17.45 Tagesschau

17.48 Die Sportschau
Fußball: 1. Bundesliga
Regionalprogramm: 18.30 Omaruru (Das Wiedersehen): **19.15** Hier und Heute; **19.50 Kurz vor 8** [**Unterhaltung**]

20.00 Tagesschau, Wetter

20.15 Auf los geht's los
Spiele, Spaß und Prominente bei Joachim Fuchsberger
Regie: Dieter Pröttel

21.45 Die Lottozahlen
anschließend
Tagesschau, Wetter
Das Wort zum Sonntag
Es spricht Pfarrer Adolf Sommerauer, München

22.05 Maigret und der Würger von Montmartre
Italienisch-französischer Spielfilm von 1966
Kommissar Maigret.... Gino Cervi
Fred.......... Raymond Pellegrin
Nicole............ Lila Kedrova
Inspektor Lognon.... Alfred Adam
Regie: Mario Landi

23.50 Tagesschau, Wetter

2. Programm

13.00 Programmvorschau

13.30 Cordialmente dall'Italia
Herzliche Grüße aus Italien

14.15 Türkiye mektubu
Ein Brief aus der Türkei
Thoma: Jugendliche und weibliche Arbeitnehmer

14.58 heute

15.00 Lassie unterwegs
In Williamsburg

15.20 Zugeschaut und mitgebaut
Kleine Tips für junge Bastler
Ein Bauernhaus aus Oberbayern

15.35 Mein Onkel vom Mars
Gefährliche Düfte

16.00 Sparring
Ein Quiz nicht nur für junge Leute
Thema: Medizin und Pharmazie

17.00 heute

17.05 Länderspiegel

18.00 S.O.S. Charterboot!
Ritt auf der Brandung

19.00 heute

19.30 Hitparade
Präsentiert von Dieter Thomas Heck
Regie: Truck Branss

20.15 Der dritte Mann
Spielfilm, England 1949 (s/w)
Holly Martins .... Joseph Cotten
Anna .... Alida Valli
Calloway .... Trevor Howard
Harry Lime .... Orson Welles
Kurtz .... Ernst Deutsch
Winkel .... Enrich Ponto
Popescu .... Siegfried Breuer
Harrys Portier .... Paul Hörbiger
Annas Hauswirtin ...... H. Bleibtreu
Regie: Carol Reed

21.55 heute

22.00 Das aktuelle Sport-Studio

23.15 Hahnenkampf
Fernsehspiel von Bernd Schroeder

0.45 heute

15 Freizeit

Kein Glück bei den Mädchen!

Manfred: Hast du heute nachmittag Zeit, Georg?

Georg: Ja, was wollen wir machen? Hast du Lust, bei mir Tischtennis zu spielen, oder möchtest du lieber eine Radtour machen?

Manfred: Das Wetter ist so schön. Ich schlage vor, wir fahren mit dem Rad nach Unterbach und schwimmen dort im See.

Georg: Was für eine gute Idee! Wollen wir Sabine und Erika fragen, ob sie Lust haben, mitzukommen? —Da sind sie ja. Hallo, ihr beiden! Manfred und ich wollen schwimmen gehen. Kommt ihr mit?

Sabine: Schwimmen? Nein, heute habe ich keine Zeit. Ich will meinen Rock fertignähen, und dann gehe ich heute abend ins Opernhaus.

Manfred: So, was gibt's denn?

Sabine: "Die Zauberflöte" von Mozart.

Manfred: "Die Zauberflöte"! Großartig! Kann ich mitkommen?

Sabine: Nein, ich gehe lieber allein.

Manfred: Allein? Das glaube ich dir nicht. Mit wem gehst du?

Sabine: Wenn du es unbedingt wissen willst, mit Peter. Er ist sehr, sehr nett. Peter lädt mich oft ins Theater oder ins Konzert ein. Er ist ein interessanter Mensch und versteht viel von Musik.

Manfred: So sind die Mädchen! Und dabei habe ich dir erst gestern von meinem letzten Geld ein Eis gekauft.

Georg: Und du, Erika, gehst du auch ins Theater?

Erika: Nein, das nicht. Aber ich spiele heute um vier Uhr Tennis.

Georg: So? Mit wem spielst du denn?

Erika: Mit Klaus. Wir spielen jetzt zweimal in der Woche zusammen. Er ist ein großartiger Spieler.

Georg: Manfred, es scheint, wir haben beide kein Glück.

Fragen

1. *Wohin wollen Manfred und Georg heute fahren?*
2. *Was wollen sie dort machen?*
3. *Wen wollen sie dazu einladen?*
4. *Was sind Sabines Pläne für heute nachmittag?*
5. *Was will sie am Abend machen?*
6. *Warum möchte sie nicht, daß Manfred mit ihr in die Oper geht?*
7. *Wofür interessiert sich Peter?*
8. *Warum ist Manfred so enttäuscht?*
9. *Was für Sport treibt Erika?*
10. *Wie oft in der Woche übt sie den Sport aus?*

Mein Hobby ist Schwimmen

Gespräch

A. Stellen Sie Ihrem Partner diese Fragen. Er wird Ihnen antworten. Natürlich darf er die Antworten ändern, so daß sie auf ihn zutreffen. Anschließend wird er Ihnen die Fragen stellen, und Sie antworten.

1. **Treiben Sie Sport?**
   Ja, ich schwimme gern.
2. **Wie oft in der Woche gehen Sie schwimmen?**
   Ich gehe gewöhnlich einmal in der Woche schwimmen.
3. **An welchem Tag gehen Sie schwimmen?**
   Ich gehe sehr oft am Samstag.
4. **Ist das Schwimmbad in Ihrer Nähe?**
   Es liegt im Stadtzentrum. Ich muß mit dem Bus fahren.
5. **Mit wem gehen Sie schwimmen?**
   Zwei Freunde gehen meistens mit. Wir treffen uns vor dem Schwimmbad und hinterher trinken wir Coca-Cola.
6. **Wie alt waren Sie, als Sie schwimmen gelernt haben?**
   Ich war sechs Jahre alt.

7. Wer hat Ihnen das Schwimmen beigebracht?
Mein Vater (ein Schwimmlehrer) hat mir das Schwimmen beigebracht.
8. Haben Sie schon an Schwimmwettkämpfen teilgenommen?
Nein, dafür habe ich kein Interesse.
9. Schwimmen Sie im Sommer in der See oder in einem Fluß?
Wenn das Wetter schön und das Wasser warm ist, schwimme ich manchmal in der See.

B. Ihr Partner spielt gern Golf (Fußball, Tennis, Volleyball...). Was für Fragen müssen Sie jetzt stellen, und wie antwortet Ihr Partner?

Meine Hobbys sind Musik und Zeichnen

C. Hier spricht Jochen über seine Hobbys. Lies die Fragen und Jochens Antworten.

1. Was machst du am Abend oder am Wochenende?
Ich höre gern Musik. In meinem Zimmer habe ich einen Plattenspieler und viele Schallplatten.

2. Kaufst du dir die Schallplatten von deinem Taschengeld?
Ja. Sie sind leider sehr teuer. Zu Weihnachten und zum Geburtstag lasse ich mir natürlich auch Schallplatten schenken.

3. Was für Musik hörst du gern?
Ich höre meistens Popmusik und Folksongs. Ab und zu höre ich mir auch Sinfonien an. Strawinsky und Hindemith gefallen mir gut.

4. **Spielst du auch ein Instrument?**
Ja, seit einem Jahr spiele ich Gitarre.
5. **Wer hat dir die Gitarre geschenkt?**
Ich habe die Gitarre von meinen Großeltern zum Geburtstag bekommen.
6. **Wo lernst du Gitarre spielen?**
Einmal in der Woche habe ich Unterricht bei einem Musiklehrer.
7. **Hast du noch andere Hobbys?**
Ja, ich zeichne gern.
8. **Was zeichnest du denn?**
Ich zeichne vor allem Häuser. Wenn ich in die Ferien fahre, nehme ich immer meinen Skizzenblock mit. Dann zeichne ich das Rathaus, den Marktplatz, die Kirche und andere interessante Gebäude.
9. **Seit wann interessierst du dich dafür?**
Schon als kleines Kind, bevor ich in die Schule ging, habe ich gezeichnet. Mein Großvater ist Architekt, und von ihm habe ich das Interesse an Häusern geerbt.
10. **Was willst du einmal werden?**
Ich glaube, ich möchte auch Architekt werden.

Die Hobbys der Klasse

1. **Schreibe die Namen deiner Klassenkameraden in die erste Spalte.**
2. **Frage deine Klassenkameraden nach ihren Hobbys.**
3. **Kreuze an, wofür sie sich interessieren.**

Das sieht zum Beispiel so aus:

Andreas spielt gern Fußball, schwimmt, sammelt Fotos von Popstars, hat einen Hund.

Christa ist Pfadfinderin, schwimmt, sammelt Briefmarken, hat einen Wellensittich, strickt und tanzt gern.

Computer-Test

Namen	Klub	Sport	Schwimmen	Angeln	Sammeln	Tiere	Basteln Stricken,	Gartenarbeit	Tanzen	Musik	Lesen	Zeichnen	Gesatzahl
Andreas		X	X		X	X							4
Christa	X		X		X	X	X		X				6
Gesamtzahl	1	1	2	0	2	2	1	0	1				

(a) **Wofür interessieren sich die meisten in deiner Klasse?**
(b) **Wofür interessieren sich die wenigsten?**
(c) **Wer hat die meisten Hobbys?**

16 Zeitungen

Da steht doch nie etwas Interessantes drin!

Gabi: Liebling, früher hast du mir immer in der Küche geholfen. Wenn du jetzt nach Hause kommst, setzt du dich hin und liest die Zeitung.

Rainer: Aber ich muß mich doch über die Tagesereignisse informieren.

Gabi: Ich weiß nicht, warum du die 'Frankfurter Allgemeine' kaufst. Die ist so langweilig.

Rainer: Man muß doch wissen, was in der Welt passiert; und darüber berichtet deine Lokalzeitung nur wenig.

Gabi: Die Tagesnachrichten siehst du ja viel besser im Fernsehen; und außerdem hörst du die Nachrichten auch jeden Morgen im Radio.

Rainer: Gib es doch zu! Du liest ja selbst ganz gern den Reiseteil und die Seite für die Frau in der 'Frankfurter'.

Gabi: Na und? Du schlägst doch immer zuerst den Sportteil auf und liest erst später die Artikel über Politik und Wirtschaft.

Rainer: Aber im Lokalblatt steht doch nie etwas Interessantes.

Gabi: Nichts Interessantes? Nun sei aber still. Mir ist es doch gleichgültig, ob die Butter in Großbritannien teurer wird oder nicht. Ich will wissen, ob die Stadt hier nun endlich ein Schwimmbad baut. Übrigens hast du die heutige Zeitung schon gelesen?

Rainer: Warum? Gibt es schon wieder einen Skandal?

Gabi: Nein, das nicht. Aber im Stadtpark ist eine alte Dame überfallen worden.

Rainer: Ja, hier ist der Artikel. ". . . Der Mann wollte ihr die Tasche entreißen. Sie aber setzte sich zur Wehr und schlug solange mit dem Regenschirm auf den jungen Mann ein, bis Hilfe kam." Das war ja eine sehr beherzte alte Dame. Alle Achtung! Wie alt war denn diese resolute Person?

Gabi: Achtundsechzig.

Rainer: Achtundsechzig. So alt wie meine Mutter. Hier steht ja auch ihr Name. Du, Gabi, das war ja meine Mutter. Das ist ja furchtbar aufregend.

Gabi: Und wer hat soeben gesagt, daß im Lokalblatt nie etwas Interessantes steht.

Fragen

1. *Worüber beklagt sich Gabi?*
2. *Was für eine Zeitung kauft Rainer?*
3. *Warum interessiert er sich nicht für die Lokalzeitung?*
4. *Wo kann man auch die Nachrichten hören?*
5. *Was für Artikel liest Gabi in der 'Frankfurter Allgemeinen'?*
6. *Was liest Rainer immer zuerst, und wofür interessiert er sich noch?*
7. *Warum kauft Gabi die Lokalzeitung? Was will sie wissen?*
8. *Was für eine Geschichte steht in der heutigen Zeitung?*
9. *Wie hat sich die alte Dame gegen den Dieb zur Wehr gesetzt?*
10. *Warum findet Rainer die Geschichte auf einmal so aufregend?*

Gespräch

Sie fragen, Ihr Partner wird antworten. Sie können die unterstrichenen, Wörter durch die Wörter in Klammern ersetzen.

1. Welche <u>Zeitung</u> (Zeitschrift) lesen Sie regelmäßig?
Ich lese . . .

2. Was für eine <u>Zeitung</u> (Zeitschrift) ist das?
(a) Das ist eine Tageszeitung (Wochenzeitung).
(b) Das ist eine Zeitschrift für Musik (Teenagers, die Frau...)

3. Lesen Sie eine regionale oder überregionale Zeitung?
Ich lese eine . . .

4. Was für einen politischen Standpunkt hat die Zeitung?
Es ist eine <u>liberale</u> (konservative, linksorientierte) Zeitung.

5. Wo erscheint die Zeitung?
Sie erscheint in <u>London</u> (Manchester . . .).

6. Was interessiert sie am meisten?
(a) Ich interessiere mich am meisten für Politik (Unterhaltung, Sport, Kultur, fremde Länder).

(b) In der Zeitschrift lese ich immer die Besprechungen der neuesten Schallplatten (die Horoskope, die Kochrezepte, den Modeteil).

7. Was interessierrt Sie nicht?
Ich lese selten die Leserbriefe (die Sportereignisse, die Buchbesprechungen, die Frauenseite, den Roman, den Teil über Mode).

8. Was lesen Sie zuerst?
Zuerst lese ich immer den Leitartikel (das Fersehprogramm. die Stellenangebote, die Heiratsanzeigen, den Sportteil).

9. Wie bekommen Sie Ihre Zeitung (Zeitschrift)?
(a) Ich kaufe sie im Zeitungsgeschäft.
(b) Der Zeitungsjunge bringt sie ins Haus.

10. Welche Sonntagszeitung (en) werden bei Ihnen zu Hause gelesen?
Wir lesen meistens...

17 Wie sieht Ihre Wohnung aus?

Wer hätte das ahnen können!

Heidi: Hoffentlich störe ich dich nicht. Ich wollte mir nur eure neue Wohnung ansehen. Ich bin so neugierig. Na, du kennst mich ja.

Roswitha: Natürlich störst du nicht. Komm herein. Ich stelle nur den Staubsauger weg. Den Flur haben Manfred und ich neu tapeziert.

Heidi: Du hast Glück, daß du so einen geschickten Mann hast, der vieles selbst machen kann. Die Tapete gefällt mir. Sie ist hell und freundlich.

Roswitha: Das hier ist unser Wohnzimmer. Die anderen Zimmer sind modern eingerichtet, aber im Wohnzimmer wollte ich gern alte Möbel haben.

Heidi: Was für einen schönen Blick ihr aus dem Fenster habt! Ihr seht ja direkt auf den Stadtpark.

Roswitha: Ja, deshalb haben wir diese Wohnung gemietet. Ich sehe diese alten Bäume sehr gern. Es ist sehr ruhig hier; und doch haben wir es nicht weit zum Stadtzentrum. Die U-Bahnstation ist an der nächsten Ecke.

Heidi: Wie gemütlich ihr das Zimmer eingerichtet habt! Woher habt ihr nur die Möbel?

Roswitha: Wir haben sie langsam zusammengesucht. Den Schrank hier haben wir in einem Antiquitätenladen gekauft. Das Sofa und die beiden Sessel haben wir auf einer Versteigerung erworben.

Heidi: Sag mal, woher hast du denn diesen Tisch? Der kommt mir irgendwie bekannt vor.

Roswitha: Manfred brachte ihn eines Abends nach Hause. Er hatte ihn auf dem Flohmarkt gekauft. Zuerst war ich gar nicht begeistert davon.

Heidi: Warum nicht?

Roswitha: Er war dunkelbraun gestrichen und sehr schmutzig. Als wir die Farbe entfernt hatten, kam das Naturholz zum Vorschein.

Heidi: Dunkelbraun, sagst du? Ja, das stimmt.

Roswitha: Wie du siehst ist der Tisch aus Mahagoni. Ein Freund von uns, der etwas von Antiquitäten versteht, sagt, er sei sehr alt und sehr wertvoll.

Heidi: Ja, ich bin sicher. Das ist derselbe Tisch, den ich damals weggeworfen habe. Und du sagst, er sei wertvoll? Ja, wer hätte das ahnen können!

Fragen

1. *Warum besucht Heidi ihre Freundin Roswitha?*
2. *Was machte Roswitha gerade, als Heidi klingelte?*
3. *Wie sieht die Tapete im Flur aus?*
4. *Was für Möbel stehen im Wohnzimmer?*
5. *Weshalb haben Roswitha und Manfred gerade diese Wohnung gemietet?*
6. *Wie kommt Roswitha von ihrer Wohnung zum Stadtzentrum?*
7. *Wo haben Roswitha und Manfred die Möbel gekauft, die im Wohnzimmer stehen?*
8. *Warum gefiel Roswitha der alte Tisch zuerst gar nicht?*
9. *Was haben sie mit dem Tisch gemacht?*
10. *Warum kommt Heidi der Tisch bekannt vor?*

Das Wohnzimmer der Familie Martin

A. Lesen Sie die folgende Beschreibung durch.

Die Familie Martin befindet sich im Wohnzimmer. Herr Martin sitzt auf dem Sofa und sieht fern. Im Sessel neben ihm sitzt seine Frau und liest ein Buch. Vor dem Sofa steht ein runder Tisch. Er ist aus Teak. Auf den Tisch hat Frau Martin eine Schale mit Obst gestellt. Barbara, die neben ihrem Vater auf dem Sofa sitzt, ißt gerade einen Apfel. In der Ecke steht der Fernsehapparat. Es ist ein Farbfernseher, und er ist erst ein Jahr alt. Die Vorhänge sind gelb und passen farblich zu dem hellbraunen Teppich, dem braunen Sofa und den braunen Sesseln. An der einen Wand steht ein großer Bücherschrank. Auf dem Fensterbrett befinden sich eine blühende Azalee, ein Efeu, einige Kakteen und eine Vase mit roten und gelben Rosen. In der Ecke steht ein Gummibaun.

An der Wand hängen zwei Bilder. Das eine ist ein Olgemälde und stellt eine Herbstlandschaft dar. Das andere ist ein Aquarell. Auf ihm sieht man ein Segelschiff, das stolz über die Wellen gleitet.

B. Beschreiben Sie jetzt Ihr Wohnzimmer zu Hause.

Gespräch

1. Haben Sie ein eigenes Zimmer, oder teilen Sie es mit Ihrem Bruder oder Ihrer Schwester?
2. Was für Möbel haben Sie in Ihrem Zimmer?
3. Welche Farbe hat der Teppich?
4. Was sehen Sie, wenn Sie aus dem Fenster schauen?
5. Was für Bilder hängen an der Wand?
6. Wer hat die Tapete für Ihr Zimmer ausgesucht, Sie oder Ihre Eltern?
7. Wie wird Ihr Zimmer geheizt?
8. Wie sehen die Vorhänge aus?
9. Wo stehen Ihre Schulbücher?
10. Wo sitzen Sie, wenn Sie Ihre Hausaufgaben machen?

Ferienhaus in Deutschland

Ihre Familie will ein Ferienhaus in Deutschland mieten.

Sie sehen diese Anzeige in der Zeitung.

Alte Bauernkate in Holstein

romant. am Wald u. Wasser gelegen als Ferienhs. f. bis zu 8 Pers. zu verm. Gr. Wohnr. m. alt. Kamin-Backofen, 3 Schlafkammern. El. Kü., Du./Bad/WC. Außerdem verm. wir i. uns. schönen alt. Landhs., einer früher. Wassermühle, eine Ferienwhg., kompl. einger. m. Kü., Bad. 3 Zi., max. 6 Pers., eig. idyll. kl. See z. Angeln, Kahnfahren, Baden. Timmendorf/Ostsee 15 km. Landw. A. Schiller, Flöikendorf, 2405 Ahrensbök – Tel. (0 45 25) 12 30

A. **Können Sie die Anzeige lesen?**

romant.	**romantisch**	**verm.**	**vermieten**
Wohnr.	**Wohnraum**	**Ferienwhg.**	**Ferienwohnung**
El.	**Elektro—**	**kompl.**	**komplett**
Kü.	**Küche**	**einger.**	**eingerichtet**
Du.	**Dusche**	**eig.**	**eigenem**

B. **Ihre Eltern wollen folgende Einzelheiten über das Ferienhaus wissen:**

1. Wo liegt das Haus?
2. Wie viele Personen können dort wohnen?
3. Wie viele Schlafzimmer hat es?
4. Hat die Küche einen Gas- oder Elektroherd?
5. Hat das Haus ein Bad oder eine Dusche?
6. Wie heißt der Eigentümer?
7. Wo wohnt er?
8. Was ist er von Beruf?
9. Vermietet er noch ein anderes Haus?
10. Wo ist die Ferienwohnung?
11. Was war das Landhaus früher einmal?
12. Wie viele Zimmer hat die Wohnung?
13. Wie viele Personen haben dort Platz?
14. Was für Sport kann man dort treiben?
15. Wie weit ist es zur Ostsee?

18 Wir heiraten

Sei nicht so eifersüchtig!

Hanna: Hallo, Christa. Wir haben uns aber lange nicht gesehen.

Christa: Hallo, Hanna. Was, sehe ich richtig? Ist das etwa ein Verlobungsring an deiner Hand?

Hanna: Ja, gefällt er dir?

Christa: Der Ring sieht elegant aus. Wann hast du dich denn verlobt?

Hanna: Im August. Wir haben aber unsere Verlobung nicht groß gefeiert. Wir sind zusammen mit unseren Eltern ins Parkhotel gegangen und haben da sehr nett gegessen.

Christa: Wann wollt ihr denn heiraten?

Hanna: Am 10. Dezember. Zur Hochzeit laden wir dich natürlich ein. Du kommst doch?

Christa: Ja, gern. Herzlichen Dank für die Einladung. Geht ihr nur zum Standesamt, oder laßt ihr euch auch kirchlich trauen?

Hanna: Pauls Eltern wünschen, daß wir uns auch kirchlich trauen lassen. Am Vormittag gehen wir erst zum Standesamt, und am Nachmittag gehen wir dann in die Kirche.

Christa: Paul? Wer ist denn Paul? Ich dachte, du hättest dich mit Martin verlobt?

Hanna: Aber nein, zwischen Martin und mir ist es schon lange aus. Paul Neumann ist mein Verlobter. Erinnerst du dich denn nicht mehr an ihn? Wir haben ihn im vorigen Winter in Österreich beim Skilaufen kennengelernt. Du mochtest ihn doch auch sehr gern.

Christa: Was? Paul willst du heiraten? Das geht nicht. Paul ist mein Freund. Ich bin in ihn verliebt.

Hanna: Sei nicht so eifersüchtig, Christa. Paul liebt mich.

Christa: Ich soll nicht eifersüchtig sein! Dabei hast du mir meinen besten Freund weggeschnappt. Ich bin empört.

Hanna: Nun hör mal gut zu, Christa. Paul und ich heiraten in zwei Wochen. Wir mögen dich beide sehr gern und hoffen, daß du auch in Zukunft unsere beste Freundin bleibst.

Christa: Hm. Aber zu eurer Hochzeit komme ich auf keinen Fall. Das könnt ihr nicht von mir verlangen.

Fragen

1. *Woher weiß Christa, daß Hanna sich verlobt hat?*
2. *Wann hat sie sich verlobt?*
3. *Wo hat die Verlobungsfeier stattgefunden?*
4. *Wie viele Gäste haben sie dazu eingeladen?*
5. *Wann soll die Hochzeit sein?*
6. *Wohin geht das Brautpaar am Vormittag des Hochzeitstages?*
7. *Wer möchte, daß sie sich kirchlich trauen lassen?*
8. *Wann und wo haben sich Hanna und Paul kennnengelernt?*
9. *Warum ist Christa auf einmal so empört?*
10. *Wie hättest du an Christas Stelle gehandelt?*

Gespräch

Ihre Schwester hat vor ein paar Tagen geheiratet. Ihre Nachbarin möchte alle Einzelheiten wissen.

1. **Wann hat Ihre Schwester geheiratet?**
2. **Was ist der Mann Ihrer Schwester von Beruf?**
3. **Können Sie mir das Hochzeitskleid beschreiben?**
4. **Was haben Sie dem Brautpaar geschenkt?**
5. **Was haben die jungen Leute von Ihren Eltern erhalten?**
6. **Wo hat die Hochzeitsfeier stattgefunden?**
7. **Wer hat eine Rede gehalten?**
8. **Wie sah das Hochzeitsmenü aus? Was gab es zu essen und zu trinken?**
9. **Wohin haben die jungen Leute ihre Hochzeitsreise gemacht?**
10. **Warum sind sie gerade dahin gefahren?**

Passen wir zueinander?

Sie wollen wissen, was Ihr Freund (Ihre Freundin) über die Ehe denkt.

A. Füllen Sie zuerst den Fragebogen aus, und dann fragen Sie Ihren Partner nach seinen Ansichten.

	Eva	Adam
1. Mit wieviel Jahren möchten Sie heiraten?		
(a) zwischen 18 und 20 Jahren		
(b) " 20 und 23 "	X	
(c) " 23 und 25 "		
(d) " 25 und 30 "		X
2. Wie alt soll Ihr Mann (Ihre Frau) sein?		
(a) genau so alt wie ich		X
(b) jünger		
(c) älter	X	
3. Wie wollen Sie Ihre Verlobung feiern?		
(a) allein		
(b) mit den Eltern		
(c) mit Eltern und Freunden		
4. Wo wollen Sie sich trauen lassen?		
(a) auf dem Standesamt		
(b) in der Kirche		
5. Wen wollen Sie zu Ihrer Hochzeit einladen?		
(a) nur Verwandte		
(b) Verwandte und Freunde		
6. Wohin wollen Sie Ihre Hochzeitsreise machen?		
(a) in die Berge		
(b) an die Nordsee		
(c) ans Mittelmeer		
7. Möchten Sie (Soll Ihre Frau) auch nach der Hochzeit arbeiten?		
(a) Ich möchte (Sie soll) Geld verdienen		
(b) " nur im Haus arbeiten.		
(c) " halbtags arbeiten.		
8. Soll Ihr Mann (Werden Sie) im Hause helfen?		
(a) Nein, auf keinen Fall.		
(b) Er soll (Ich werde) das Geschirr spülen.		
(c) " kochen.		
(d) " einkaufen.		
(e) " Staub saugen.		
(f) " Fenster putzen.		
9. Wann möchten Sie Kinder haben?		
(a) nie		
(b) möglichst bald		
(c) nach zwei Jahren		
(d) nach fünf Jahren		

10. Wie viele Kinder wünschen Sie sich?
(a) Keine
(b) nur eins
(c) zwei bis drei
(d) mehr als drei

Eva	Adam

B. Schreiben Sie einen Bericht, aus dem klar hervorgeht, wo Sie einer Meinung sind und wo Sie verschiedener Meinung sind.
Passen Sie zusammen oder nicht?

So könnten Sie anfangen:
Ich möchte heiraten, wenn ich 21 Jahre alt bin. Mein Mann soll zwei Jahre älter sein. Adam ist damit nicht einverstanden. Er möchte erst mit 27 Jahren Heiraten, und seine Frau soll genau so alt sein wie er...

Wir verloben uns am 30. Januar 1977

Anne Jambor **Herbert Scharfenberg**

Düsseldorf-Oberkassel, Quirinstraße 1a

Wir heiraten
am 7. Februar 1977

Klaus Radmacher
Hannemie Radmacher
geb. Engels

Am Ploeneshof 16
4005 Meerbusch 2

Münchheide 35
4156 Willich 1

Wir heiraten am
5. Februar 1977
um 14.30 Uhr in der St. Stephanuskirche zu Meerbusch-Lank.

Ernst Platen — Angelika Platen
geb. Hasenbeck

Meerbusch-Lank
Schulstraße 11

Meerbusch-Lank
Gonellastraße 23

Tagesanschrift: Gaststätte Wellen, Meerbusch-Langst-Kierst

C. Diese Verlobungs- und Heiratsanzeigen sind aus der "Rheinischen Post".
1. Welches Paar läßt sich kirchlich trauen?
2. Wie heißt Hannemie Radmacher mit ihrem Mädchennamen?
3. Wo feiern Ernst und Angelika Platen ihre Hochzeit?
4. Sind die deutschen Annoncen sehr viel anders als die britischen?

19 Wohnungssuche

Eine Wohnung im Grünen

Wohnungsmakler: Diese Wohnung ist bestimmt das Richtige für Sie. Sehen Sie sich doch nur die Umgebung an. Sie sind hier ganz im Grünen.

Frau Meckel: Ja, hier gefällt es mir. Hier ist die Luft noch sauber. Dort drüben im Park kann ich mit unserem kleinen Andreas spazierengehen.

Herr Meckel: Abends, wenn ich vom Büro komme, kann ich dort einen Waldlauf machen. Inge, du wirst staunen, wie fit ich sein werde.

Wohnungsmakler: Kommen Sie und schauen Sie sich das Haus an. Hier ist die Diele, und rechts ist das Wohnzimmer.

Frau Meckel: Das ist sehr schön groß. Da können wir unsere Freunde einladen.

Herr Meckel: An der linken Seite kann ich meine Stereoanlage aufbauen; und der Fernsehapparat kommt in die Ecke.

Wohnungsmakler: Neben dem Wohnzimmer liegt das Arbeitszimmer.

Frau Meckel: Hier kannst du endlich in Ruhe arbeiten; du bringst ja doch fast jeden Abend deine Arbeit mit nach Hause.

Wohnungsmakler: Darf ich Sie bitten, mir nun ins Eßzimmer zu folgen. Hier können Sie den Tisch und die Stühle hinstellen. Sie können aber auch in der Küche essen.

Frau Meckel: Darf ich mir die Küche einmal ansehen?

Wohnungsmakler: Selbstverständlich. Hier kommt der Elektroherd hin, und dort drüben können Sie die Waschmaschine anschließen.

Herr Meckel: Wo ist denn das Badezimmer?

Wohnungsmakler: Die Wohnung hat zwei Badezimmer. Das eine liegt vorne und hat eine Dusche; das andere hat eine Badewanne. Kommen Sie bitte mit. Ich zeige Ihnen dann auch gleich das Elternschlafzimmer und die beiden Kinderzimmer.

Herr Meckel: Die beiden Kinderzimmer? Aber wir haben doch nur den Andreas. Meinst du nicht, Inge, daß die Wohnung etwas zu groß für uns ist?

Frau Meckel: Nein, Erwin. Ich muß dir etwas ins Ohr flüstern. Wir brauchen bald das zweite Kinderzimmer.

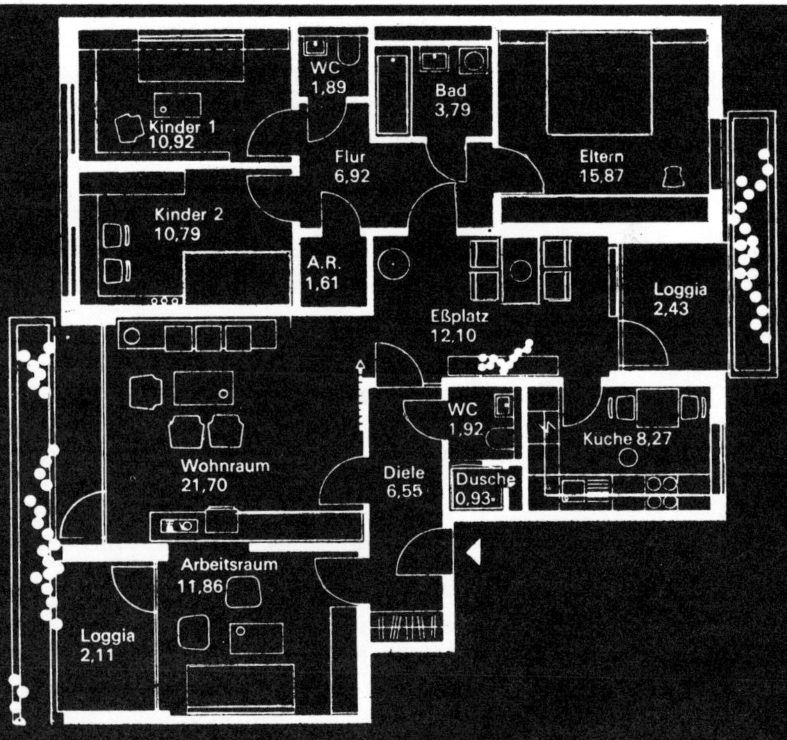

Grundriß der 5½ Raum-Wohnung

Fragen

Lesen Sie die Anzeige und den Text, und beantworten Sie dann die folgenden Fragen.

A.R. = Abstellraum — storage room
die Loggia (-en) — veranda

1. *Wollen Herr und Frau Meckel die Wohnung mieten oder kaufen?*
2. *Wieviel Quadratmeter Wohnfläche hat die Wohnung?*
3. *Wie teuer ist der Quadratmeter?*
4. *Wieviel kostet dann die Wohnung?*
5. *Welche Stadt kann man von Hochdahl am schnellsten erreichen?*
6. *Warum ist Frau Meckel froh, daß der Park ganz in der Nähe ist?*
7. *Was für Sport will Herr Meckel treiben?*
8. *In welches Zimmer will Herr Meckel seine Stereoanlage hinstellen?*
9. *Was für Bedenken hat Herr Meckel?*
10. *Warum brauchen sie eine so große Wohnung?*

Gespräch

1. **Wo wohnen Sie, in der Stadtmitte, am Stadtrand, in einem Vorort, auf dem Land?**
2. **Gehört Ihren Eltern das Haus (die Wohnung), oder wohnen Sie zur Miete?**
3. **Wie viele Zimmer hat Ihr Haus (Ihre Wohnung)?**
4. **Wie lange wohnen Sie schon dort?**
5. **Würden Sie lieber in der Stadt oder auf dem Land wohnen? Warum?**
6. **Was für Möbel stehen im Wohnzimmer?**
7. **Wo steht der Fernsehapparat?**
8. **Was für Heizung haben Sie? Haben Sie Zentralheizung, einen Kamin, einen Gasofen, elektrische Heizkörper oder Nachtspeicher?**
9. **Wo liegt Ihr Zimmer?**
10. **Was für einen Blick haben Sie vom Wohnzimmer?**

Mit verteilten Rollen

Jungges.-Appartement Zoolage
ca. 25 qm, teilmöbl. (Einbauschrank mit Bett), Tepp.-Bd., voll eingerichtete kleine Küche, Duschbad, Balk., ab sof. nur an Einzelperson zu vermieten. Miete 370,— einschl. NK, 2 MM Kaut.
☎ 45 20 58, ab Montag

Herr Schmitt sucht ein Appartement

Jungges.	der Junggeselle	bachelor
Zoolage		near zoo
teilmöbl.	teilmöbliert	partly furnished
Teppich-Bd.	der Teppich-Boden	fitted carpet
Balk.	der Balkon	balcony
NK	die Nebenkosten	extras
einschl.	einschließlich	inclusive
Kaut.	die Kaution	security
2MM	2 Monatsmieten	2 months' rent

A. Frau Jansen hat dieses Appartement zu vermieten. Herr Schmitt ruft bei ihr an. Zuerst stellt er sich vor (Name, Beruf, Alter), dann möchte er Einzelheiten über das Appartement erfahren (z.B wo es liegt, wie groß es ist, ob es möbliert ist . . .).
Spielen Sie mit einem Partner die Rollen von Herrn Schmitt und Frau Jansen. So könnten Sie anfangen:

Frau Jansen: Frau Jansen. Guten Morgen.

Herr Schmitt: Guten Morgen. Ich habe in der Zeitung gelesen, daß Sie ein Appartement zu vermieten haben.

Frau Jansen: Das ist richtig.

Herr Schmitt: Ich heiße....

> Nähe Flughafen,
> **vollmöbl. Appart.,**
> 42 qm, Wohnzi., Kü., D., Bad, Balk., Fernseher, 390,— zuzügl. NK, zu verm. ☎ 38 16 61 montags bis freitags 9—12 Uhr

D.	Dusche	shower
zuzügl.	zuzüglich	plus

B. Herr Schmitt ruft dann bei Frau Kunze an, die dieses Appartement zu vermieten hat.

Spielen Sie mit Ihrem Partner die Rollen von Frau Kunze und Herrn Schmitt.

Mieten sind teuer. Sie suchen jemand, der die Wohnung mit Ihnen teilt. Der Wohnungsmakler hat Ihnen diesen Fragebogen gegeben.

(a) Füllen Sie diesen Fragebogen aus.
(b) Fragen Sie Ihren Partner nach seinen Wünschen.
(c) In welchen Punkten stimmen Sie überein?

Auf Wohnungssuche

Wer teilt die Wohnung mit mir?

	Meine Wünsche	Wünsche meines Partners	Übereinstimmung Ja/Nein
1. Wo wollen Sie wohnen?			
(a) im Stadtzentrum	X		
(b) in einem Vorort			
(c) im Grünen		X	Nein
2. Was für eine Wohnung wollen Sie mieten?			
(a) eine Wohnung in einem Hochhaus			
(b) eine Wohnung in einem Mehrfamilienhaus			
(c) eine möblierte Wohnung			
3. Was möchten Sie außerdem haben?			
(a) eine Garage			
(b) einen Balkon			
(c) einen Garten			
4. Wo möchten Sie kochen?			
(a) auf einem Elektroherd			
(b) auf einem Gasherd			
5. Wählen Sie eines der folgenden Geräte:			
(a) eine Geschirrspülmaschine			
(b) eine Waschmaschine			
(c) einen Kühlschrank			
(d) einen Gefrierschrank			

	Meine Wünsche	Wünsche meines Partners	Übereinstimmung Ja/Nein
6. Wo wollen Sie essen?			
(a) im Eßzimmer			
(b) in einer Eßecke in der Küche			
7. Wie soll das Bad ausgestattet sein?			
(a) mit einer Badewanne			
(b) mit einer Dusche			
8. Wie soll die Tapete im Wohnzimmer sein?			
(a) hell			
(b) dunkel			
(c) einfarbig			
(d) gemustert			
9. Was möchten Sie sich zuerst anschaffen?			
(a) ein Tonbandgerät			
(b) einen Plattenspieler			
(c) einen Fernsehapparat			
(d) eine Hi-Fi Stereoanlage			
10. Was für eine Heizung soll in der Wohnung sein?			
(a) Zentralheizung			
(b) ein Kamin			
(c) Nachtspeicher			
(d) elektrische Heizkörper			

Ergebnis

1. Übereinstimmung in 8-10 Punkten: Sie können zusammen wohnen.
2. Übereinstimmung in 6-8 Punkten: Seien Sie vorsichtig. Sprechen Sie über Ihre Meinungsverschiedenheiten. Nur wenn Sie sich einigen können, sollten Sie zusammen wohnen.
3. Übereinstimmung in weniger also 6 Punkten: Sie sind zu verschieden. Suchen Sie sich einen anderen Partner.

20 Der ideale Partner

Martina hat einen neuen Freund

Helga: Hallo, Martina, wie ich höre hast du einen neuen Freund. Wie sieht er denn aus?

Martina: Klaus ist groß vielleicht 10 cm größer als ich. Er ist schlank; er hat dunkles Haar, einen Bart und blaue Augen.

Helga: Männer mit Bart finde ich immer toll. Was ist er denn von Beruf?

Martina: Er besucht die Hotelfachschule und will Hotelmanager werden. Zur Zeit arbeitet er als Kellner im "Ratskeller". Er ist sehr charmant und hat immer gute Laune.

Helga: Das ist gut. Dein alter Freund, wie hieß er doch noch...ja, Josef, den mochte ich gar nicht. Der hat nie gelacht. Ich glaube, der hatte überhaupt keinen Humor.

Martina: Ja, er war ein eigenartiger Mensch. Wir haben uns oft gestritten. Er nahm alles so persönlich, und doch war er in mich verliebt.

Helga: Du bist viel zu lange mit ihm zusammengewesen. Auch mochte ich seine Kleidung nicht. Er trug immer nur diese alte graue Hose und dazu den grauen Pullover. Und seine Brille war furchtbar altmodisch. Er sah ganz schrecklich damit aus.

Martina: Ach, hör schon auf. Er hatte auch sein guten Seiten. Er war sehr intelligent und sehr ehrgeizig. Er wird in seinem Beruf bestimmt viel Erfolg haben.

Helga: Deinen neuen Freund möchte ich gern kennenlernen, der scheint ein fröhlicher Mensch zu sein. Peter und ich wollen am Samstag zur Diskothek gehen. Habt ihr Lust mitzukommen?

Fragen

1. *Beschreiben Sie Klaus, Martinas neuen Freund.*
2. *Für welche Männer schwärmt Helga?*
3. *Was will Klaus werden?*

4. *Was für ein Mensch ist er?*
5. *Warum mochte Helga Martinas früheren Freund nicht?*
6. *Warum haben sich Martina und Josef oft gestritten?*
7. *Was gefiel Helga nicht an Josefs Kleidung?*
8. *Was für gute Eigenschaften hatte Josef?*
9. *Was wollen Helga und ihr Freund am Samstag machen?*
10. *Wer soll auch mitkommen?*

Wie stellen Sie sich den idealen Partner vor?

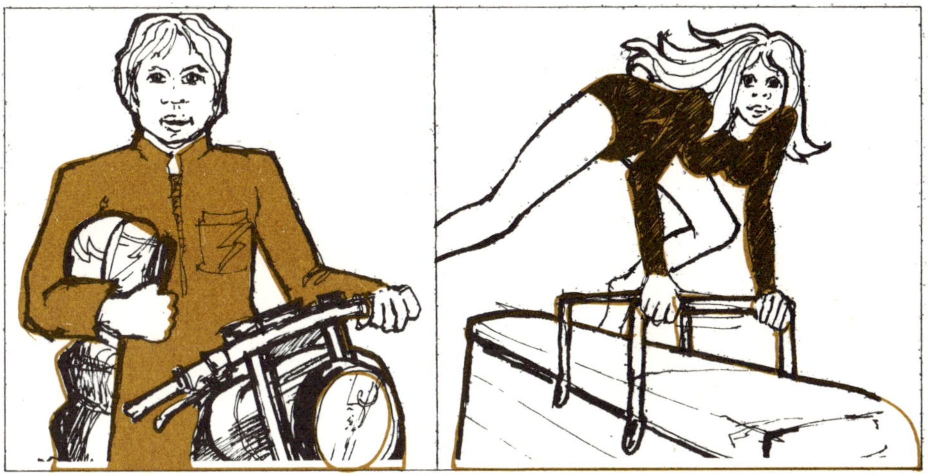

A. Kreuzen Sie die Eigenschaften an, die er/sie haben soll.

Er/sie	**Er/sie**
ist schlank	achtet nicht dauernd auf die Figur
sieht gut aus	steht nicht immerzu vor dem Spiegel
ist groß und stark	ist klein und zierlich
ist immer nach der neuesten Mode gekleidet	legt nicht viel Wert auf Kleidung
ist beruflich ehrgeizig	hat andere Interessen
ist temperamentvoll	ist ruhig und zurückhaltend
geht gern aus	bleibt gern zu Hause
ist am liebsten mit Freunden zusammen	muß nicht immer Menschen um sich haben
ist musikalisch	soll lieber kein Instrument spielen
ist sportlich	darf kein Sportfanatiker sein
liest gern	soll kein Bücherwurm sein
geht gern ins Theater, Konzert oder Kino	sieht abends am liebsten fern
diskutiert gern	will nicht das letzte Wort haben
hat Tiere sehr gern	meint, Tiere gehören nicht ins Haus

Er/Sie	Er/Sie
reist gern	macht es sich am liebsten zu Hause gemütlich
ist immer unternehmungslustig	will auch einmal faulenzen
geht mit dem Geld sparsam um	ist in Geldsachen immer großzügig
ist immer gut gelaunt	erzählt nicht dauernd Witze

B. Lesen Sie die Beschreibung durch, die Jürgen von seiner idealen Freundin gibt.
Sie ist schlank, hat eine gute Figur und ist sehr hübsch. Sie ist natürlich. Abends, wenn wir ausgehen, schminkt sie sich ein wenig. Sie sieht schick aus, und die anderen Männer drehen sich nach ihr um.
Sie ist an ihrem Beruf interessiert. Vielleicht arbeitet sie als Empfangsdame in einem Hotel oder ist Chefsekretärin. Sie ist musikalisch, singt gern und spielt auch ein Instrument. Sie geht gern auf Parties und ist selbst eine gute Gastgeberin. Sie ist immer fröhlich. Am Wochenende macht sie gern Ausflüge. Im Winter läuft sie gern Ski, und im Sommer spielt sie Tennis. Das sind nämlich auch meine Hobbys.

C. Beschreiben Sie Ihren idealen Partner.

Mit verteilten Rollen

Attraktives weibliches Pendant gesucht!

Er ist Steuerberater, selbständig, 32 Jahre, 187 cm, verwitw., mit 9j. Tochter u. Hund, allein in viel zu großem Haus, vielseitig interessiert, mit Vorliebe für großzügiges, stadtnahes Wohnen, Literatur, Musik, Wandern, Reisen, Jagd und Motorradfahren. Beruflich ist er mit dem Erreichten zufrieden, stellt jedoch noch andere Ansprüche an das Leben.

Sie sollte hübsch und schlank sein, nicht älter, viel Zärtlichkeit brauchen und geben, temperamentvoll, gebildet, beruflich engagiert und kinderlieb sein, Spaß am gesellschaftlichen Leben haben, gern Gäste bewirten, eine Schwäche für exzellente Küche haben und auch manchmal zurückgezogen leben können. Sie sollte seine Hobbys tolerieren, besser mitmachen, gern als Klammeraffe auf dem Motorrad mitfahren und Freude an allen verrückten Sachen haben.

Wer fühlt sich angesprochen? Bildzuschriften an ZH 2866 DIE ZEIT, Postfach 10 68 20, 2000 Hamburg 1

Im Heiratsbüro

Sie sind Heiratsvermittler. Herr Baumann hat diese Heiratsanzeige aufgegeben, und Sie sind sicher, daß Sie die richtige Frau für ihn gefunden haben.

Mit einem Partner spielen Sie die Rollen von Herrn Baumann und dem Heiratsvermittler.

Heiratsvermittler: Herr Baumann, Sie haben Glück. Ich habe endlich die richtige Frau für Sie gefunden. Fräulein Kipphoff wird ganz Ihren Wünschen entsprechen.

Herr Baumann: Das ist ja wunderbar. Haben Sie ein Foto von ihr?
Heiratsvermittler: Ja, natürlich. Wie Sie sehen, ist sie sehr hübsch und schlank.
Herr Baumann: Ja, sie sieht gut aus. Wie alt ist sie?

B. Dann sprechen Sie mit Frl. Kipphoff. Sie möchte natürlich so viel wie möglich über Herrn Baumann erfahren.

Frl. Kipphoff: Was ist Herr Baumann von Beruf?
Heiratsvermittler: . . .

Jüngerer deutscher UNO-Experte

z. Z. auf Heimaturlaub, 1,90, humorvoll, nett, sensibel, erfahren, schwierig usw., geht demnächst wieder nach Afrika. Möchten Sie (zwischen 20 und 30, selbst., bewußt, hübsch, vielleicht Lehrerin, Ärztin, Künstlerin) mit? Bitte schreiben Sie bald mit Bild und Telefon. Auf jeden Fall ist es ein Abenteuer. ZE 2863 DIE ZEIT, Postfach 10 68 20, 2000 Hamburg 1

C. Auch für Herrn Wolfgang, den UNO-Experten, haben Sie die richtige Frau gefunden. Sie heißt Frl. Koch. Die beiden sehen sich heute zum ersten Mal. Was sagen sie?

Herr Wolfgang: Ich freue mich, Sie kennenzulernen. Es war sehr nett, daß Sie auf meine Anzeige geantwortet haben.

Frl. Koch: Darf ich Ihnen wohl einige Fragen stellen? Für welche Organisation arbeiten Sie?

Herr Wolfgang: . . .

21 Was haben Sie am Wochenende gemacht?

Dann geschach das Unglück

Gottfried: Sie sehen ja so müde aus, Barbara. Was haben Sie denn am Wochenende gemacht?

Barbara: Lutz und ich haben einen Ausflug zum Starnberger See gemacht. Wir wollten mit dem Bus um acht Uhr von Hauptbahnhof fahren. Aber Lutz hatte verschlafen.

Gottfried: O je! Der nächste Bus fährt ja erst um elf Uhr.

Barbara: Ja, wir mußten also so lange warten, und es war beinahe halb eins, bevor wir am See ankamen.

Gottfried: Haben Sie dort gerudert?

Barbara: Ja, wir haben uns ein Boot gemietet. Lutz hat geangelt, und ich habe gerudert. Dann geschah das Unglück.

Gottfried: Unglück? Wieso?

Barbara: Lutz lehnte sich aus dem Boot, verlor das Gleichgewicht und fiel ins Wasser. Das Boot kenterte, und ich lag auch im See.

Gottfried: Bei dem herrlichen Wetter hat Ihnen das Schwimmen sicher Freude gemacht.

Barbara: Sie haben gut lachen! Der Bootsverleiher hatte uns gesehen, er kam und rettete sein Ruderboot und dann auch uns.

Gottfried: Was haben Sie mit Ihren nassen Sachen gemacht?

Barbara: Die haben wir zum Trocknen aufgehängt und sind dann im Badeanzug ins Café "Seeblick" gegangen. Dort haben wir Wolfram getroffen. Leider!

Gottfried: Wolfram? Der ist doch sehr nett.

Barbara: Ja, natürlich. Er sagte, er hätte noch Platz im Auto, und wir könnten am Abend mit ihm zurückfahren.

Gottfried: Haben Sie das denn nicht gemacht?

Barbara: Ja, wir sind um neun Uhr losgefahren und waren erst um Mitternacht zu Hause. Das Auto hatte eine Panne.

Gottfried: Ein Unglück kommt selten allein!

Barbara: Hören Sie auf zu spotten. Ich bin nicht nur müde, ich habe auch einen Schnupfen.

Fragen

1. *Wohin sind Barbara und Lutz gefahren?*
2. *Warum sind sie erst so spät am See angekommen?*
3. *Was haben sie dort gemacht?*
4. *Was geschah, als sie im Ruderboot saßen?*
5. *Wer kam ihnen zu Hilfe?*
6. *Was haben sie gemacht, während ihre Kleider trockneten?*
7. *Wie ist Wolfram zum Starnberger See gefahren?*
8. *Wie sind Lutz und Barbara zurück nach Hause gefahren?*
9. *Warum sind sie erst so spät angekommen?*
10. *Wie fühlt sich Barbara heute?*

Mit verteilten Rollen

Was haben Sie am Samstag gemacht?

Christine arbeitet Samstags in einem Supermarkt. Am Vormittag zeichnet sie die Waren aus und stellt sie auf die Regale. Am Nachmittag steht sie an der Kasse und packt den Kunden die Lebensmittel ein. Manchmal muß sie auch die Sachen zum Auto tragen. In der Mittagspause geht sie nach Hause.

A Frau Kohl, eine Nachbarin, möchte wissen, was Christine am Samstag gemacht hat. Sie fragen, und Ihr Partner spielt die Rolle von Christine. So könnten Sie anfangen:

Frau Kohl: Was haben Sie am Samstag gemacht, Christine?

Christine: Am Samstag habe ich wie immer im Supermarkt gearbeitet.

Frau Kohl: Wann haben Sie angefangen?

Christine: . . .

B. Frau Kohl fragt nun auch Felix, Petra, Viktor und Ulrike wie sie das Wochenende verbracht haben. Mit einem Partner zusammen spielen Sie d Rollen von Frau Kohl und den jungen Leuten.

1. Felix schläft lange. Dann frühstückt er in Ruhe. Am Vormittag kommt sein Freund, und sie machen einen Stadtbummel. Sie gehen in ein Musikgeschäft und hören sich Schallplatten an. Sein Freund kauft eine Schallplatte.

2. Petras Großmutter, Frau Meckel, hat Geburstag. Um elf Uhr geht die Familie zu Frau Meckel und gratuliert ihr. Petra schenkt ihrer Großmutter eine Vase aus Kristall und Papierblumen, die sie selbst gebastelt hat. Petras Vater lädt alle zum Essen ein.

3. Viktor bekommt das Auto seines Vaters. Um acht Uhr abends holt er seine Freundin Steffi ab, und sie fahren zur Diskothek. Sie tanzen und hören die neuesten Schallplatten. Ab und zu spielt auch eine Beatgruppe. Hinterher gehen sie mit Freunden ins Café.

4. Ulrike macht mit ihren Eltern und Geschwistern eine Wanderung. Mutti fotografiert, und Vati nimmt sein Fernglas mit, um die Vögel zu beobachten. Da sie eine Wanderkarte bei sich haben, verlaufen sie sich nicht.

Schiffsausflug auf der Mosel und Wanderung zur Burg Eltz

Fahrplan:	Koblenz ab	8.45 Uhr
	Moselkern an	11.45 Uhr
	Moselkern ab	17.35 Uhr
	Koblenz an	20.30 Uhr

Fahrpreis: Koblenz-Moselkern und zurück: DM 14,18.
Kurz nach Abfahrt in Koblenz passiert das Schiff zwei Schleusen, in denen es um jeweils 5 m gehoben wird. Dann sind Sie im romantischen Moseltal. Rechts und links sehen Sie die Weinberge. Oben auf der Höhe liegen mittelalterliche Burgen, und im Moseltal sehen Sie die Namen der bekannten Weinorte. Es sind malerische Dörfer mit vielen Fachwerkhäusern und alten Kirchen. Von Moselkern wandern Sie durch das Eltztal und sind in ungefähr anderthalb Stunden bei der mittelalterlichen Burg Eltz.

Gabi lernt auf dieser Fahrt einen netten Studenten aus Basel kennen. Spielen Sie mit einem Partner zusammen die Rollen von Gabi und dem Studenten. So könnten Sie anfangen:

Student: Entschuldigen Sie, bitte, ist der Platz noch frei?
Gabi: Ja.
Student: Hier draußen ist es viel schöner als unten im Restaurant.
Gabi: Viele Leute haben schon den Moselwein probiert und sind recht fröhlich.
Student: Jetzt fahren wir durch eine Schleuse. Kommen Sie, das müssen Sie sich ansehen.
Gabi: Jetzt werden die Tore geschlossen. Sehen Sie, wie das Schiff gehoben wird.
Student: ...

(Der Student stellt sich vor, fragt dann wie weit Gabi fahren will. Sie machen die Fahrt und Wanderung gemeinsam.)

22 Hat er Humor?

Die lieben Nachbarn

Frau Wagner: Haben Sie mit den neuen Nachbarn schon gesprochen, Frau Bender?

Frau Bender: Ja, sie machen einen sehr netten Eindruck. Herr Brandt ist Versicherungsagent. Er ist noch jung und sieht sehr gut aus. Er ist groß und schlank und hat blondes Haar. Ich glaube, er ist sehr sportlich.

Frau Wagner: Sie scheint das genaue Gegenteil zu sein.

Frau Bender: Ja, sie ist klein und zierlich und hat schwarzes Haar und eine dunkle Gesichtsfarbe. Sie ist Künstlerin.

Frau Wagner: Was für Bilder malt sie denn?

Frau Bender: Es sind abstrakte Bilder. Ich verstehe nicht viel von moderner Kunst, aber die Farben gefallen mir. Es sind leuchtende, feurige Farben. Sie scheint überhaupt eine sehr frohe Natur zu haben. Sie lacht sehr viel und ist sehr temperamentvoll. Sie redet auch viel.

Frau Wagner: Dann ist es ja gut, daß er etwas ruhiger ist. Hat er Humor?

Frau Bender: Ja, ich denke schon. Gestern hat er Uwe, meinen Jüngsten, auf seinem Apfelbaum erwischt. Er hat aber nur gelacht. Er scheint auch sehr gefällig zu sein. Als heute morgen unser Wagen nicht anspringen wollte, hat er uns geholfen, ihn anzuschieben.

Frau Wagner: Sie erzählen ja nur Gutes von den Leuten. Aber haben Sie am Samstag nicht den Lärm gehört? Das fand ich sehr rücksichtslos, daß die Brandts ihre Party im Garten gegeben haben. Wie haben Sie denn bei diesem Lärm schlafen können?

Frau Bender: Schlafen? Wir haben doch mitgemacht. Es war eine wunderbare Party.

Frau Wagner: Was! Da muß ich mich aber sehr über Sie wundern. Ich hätte nicht gedacht, daß sie so selbstsüchtig sind und gar nicht an andere denken.

Fragen

1. *Was für einen Eindruck hat Frau Bender von den neuen Nachbarn?*
2. *Was ist Herr Brandt von Beruf?*
3. *Beschreiben Sie Herrn Brandt.*
4. *Wo arbeitet Frau Brandt, und was macht sie?*
5. *Wie gefallen Frau Bender die Bilder?*
6. *Was für ein Mensch ist Frau Brandt?*
7. *In welcher Situation hat Herr Brandt Humor gezeigt?*
8. *Was für eine andere gute Eigenschaft hat er?*
9. *Warum beschwert sich Frau Wagner über die Brandts?*
10. *Warum ist Frau Wagner sogar von Frau Bender enttäuscht?*

Gespräch

A. Beschreiben Sie Ihren Nachbarn.

1. **Wer sitzt neben Ihnen in der Schule?**
2. **Seit wann sitzt er schon neben Ihnen?**
3. **Wie sieht er aus? Beschreiben Sie ihn.**
4. **Was für Eigenschaften hat Ihr Nachbar?**
5. **Ist er eher verträumt oder temperamentvoll?**
6. **Was ist sein Lieblingsfach?**
7. **Sind Sie auch außerhalb der Schule zusammen?**
8. **Wer paßt besser im Unterricht auf?**
9. **Wer gibt die meisten Antworten?**

Wenn Sie die Antworten nicht wissen, müssen Sie Ihren Nachbarn fragen.

1. **Was ist sein Vater von Beruf?**
2. **Ist seine Mutter auch berufstätig?**
3. **Wann ist er geboren und wo?**
4. **Wie viele Geschwister hat er?**
5. **Wie alt sind sie?**
6. **Wo wohnt er?**
7. **Was für Hobbys hat er?**
8. **Was möchte er einmal werden?**

C. Wie gut kennen Sie Ihre Mitschüler?

1. Wer in Ihrer Klasse lacht am meisten?
2. Wer ist immer fröhlich?
3. Wer ist schüchtern?
4. Wer ist vorlaut?
5. Wer ist verträumt?
6. Wer ist temperamentvoll?
7. Wer redet wie ein Wasserfall?
8. Wer hat Humor?
9. Wer kann die besten Witze erzählen?
10. Wer weiß alles besser?
11. Wer ist sprachenbegabt?
12. Wer ist der beste Mathematiker?
13. Wer ist der beste Sportler?
14. Wer ist ein Bücherwurm?
15. Wer ist bei allen beliebt?

Mit verteilten Rollen

Bei der Wahrsagerin

> *ICH HABE ES SATT*
> allein zu sein, Musik zu hören, Konzerte, Theater zu besuchen, Wein und Tee zu trinken, liberal zu sein und zu handeln, zu fotografieren, Urlaub zu machen. Ind.-Kfm. mit Bart, 180 cm, 33 J., ev., sucht PARTNERIN bis 30 J., Raum Münch. Zuschr. (ich antworte!) an ZC 3430 DIE ZEIT, Postf. 10 68 20, 2000 Hamburg 1

A. Herr Lohmann hat diese Heiratsanzeige aufgegeben. Jetzt geht er zur Wahrsagerin und will wissen, ob er die Frau seiner Träume finden wird. Natürlich prophezeit sie ihm das.
Spielen Sie die Szene mit einem Partner. So könnten Sie anfangen:

Wahrsagerin: Kommen Sie herein, junger Mann. Seien Sie nicht so schüchtern. Setzen Sie sich. Was kann ich für Sie tun?

Herr Lohmann: Ich bin sehr einsam. Ich habe es satt, immer allein zu sein.

Wahrsagerin: So, Sie wollen also wissen, ob Sie heiraten werden. Dann zeigen Sie mal Ihre Hand her. Hm . . ., Sie Glückspilz! Sie werden bald eine Dame kennenlernen.

Herr Lohmann: Wie alt wird Sie sein?

Wahrsagerin: . . .

*4=Postleitzahl von Düsseldorf
5=Postleitzahl von Köln

*Raum 4—5**

Sind Sie unternehmungslustig, mögen Sie lange Spaziergänge, Radtouren, Tanz, Musik, Bücher, das einfache Leben, die Stille, besitzen Sie Einfühlungsvermögen und Humor, dann könnten wir uns durch ein paar Zeilen von Ihnen vielleicht kennenlernen: Dame, Anfang 30/1,78/70, blond, gutaussehend, Nichtraucherin, durch mehrjähr. Auslandsaufenthalt etwas fremd in der Heimat. Auch Zuschriften von Herren mit Muttersprache Englisch angenehm. ZA 3512 DIE ZEIT, Postfach 10 68 20, 2000 Hamburg 1

B. Nun kommt Fräulein Steinfels zur Wahrsagerin. Auch sie wird den Mann heiraten, der ganz ihren Wünschen entspricht. Er ist Engländer.

Irland 77?

Abenteuerlustige, zärtliche, junge Frau gesucht, die Spaß daran hätte, mit einem romantisch veranlagten Typ z. B. im Zigeunerwagen Irland zu entdecken. Spätere (oder frühere) Liebe mit allem Drum und Dran nicht auszuschließen. Bin 1,83, Anf. 40, cheerfahren, linksliberal und beruflich im Literaturbetrieb engagiert. Schreib' doch einfach mal an ZF 3496 DIE ZEIT, Postfach 10 68 20, 2000 Hamburg 1

C. Herr Werner träumt von einer romantischen Ferienreise in Irland. Auch das wird in Erfüllung gehen.

23 Was möchten Sie werden?

Im Reisebüro

Fraulein Kreidler stellt sich beim Personalchef vor.

Personalchef: Guten Morgen, Frl. Kreidler. Setzen Sie sich.

Frl. Kreidler: Guten Morgen. Danke.

Personalchef: Sie wollen also bei uns im Reisebüro arbeiten. Sie schreiben, daß Sie mehrere Fremdsprachen beherrschen.

Frl. Kreidler: Ja, in der Schule war ich immer gut in Englisch und Französisch.

Personalchef: Wann sind Sie von der Schule abgegangen?

Frl. Kreidler: Als ich sechzehn Jahre alt war. Ich bin dann zur Handelsschule gegangen und habe Stenografie und Schreibmaschine gelernt.

Personalchef: Haben Sie auch Sprachen studiert?

Frl. Kreidler: Ja, natürlich. Englisch und Französisch waren meine Hauptfächer, und dann habe ich auch Spanisch gelernt.

Personalchef: Spanisch? Das ist ja interessant. Wie sind Ihre Spanischkenntnisse?

Frl. Kreidler: Gut. Wissen Sie, mein Freund war Spanier. Wir wollten sogar heiraten.

Personalchef: Aber ihre Eltern waren dagegen?

Frl. Kreidler: Ja. Sie sagten, ich sollte erst ein paar Monate nach Spanien gehen, um zu sehen, wie es mir dort gefiele.

Personalchef: Und das haben Sie dann auch gemacht?

Frl. Kreidler: Ja. Mein Verlobter, Carlos, hat ein Hotel auf Mallorca. Aber seine Mutter bestimmt alles. Den ganzen Tag mußte ich in der Küche arbeiten. Abends war ich dann zum Umfallen müde und konnte mich kaum noch mit den Gästen unterhalten.

Personalchef: Und hat Ihr Verlobter nichts dagegen getan?

Frl. Kreidler: Das war es ja eben. Er war viel zu gutmütig und konnte sich nicht bei seiner Mutter durchsetzen.

Personalchef: Wie lange waren Sie dort?

Frl. Kreidler: Vier Monate. Dann konnte ich es nicht mehr aushalten. Am letzten Dienstag bin ich zurückgekommen.

Personalchef: Wir brauchen jemanden, der Spanisch spricht. Sie können nächste Woche anfangen.

Fragen

1. *Um was für eine Stelle hat sich Frl. Kreidler beworben?*
2. *Welches waren ihre besten Fächer in der Schule?*
3. *Wie alt war sie, als sie von der Schule abging?*
4. *Warum ist sie zur Handelsschule gegangen?*
5. *Was für Fremdsprachen beherrscht sie?*
6. *Wo hat sie Spanisch gelernt?*
7. *Warum ist sie nach Mallorca gegangen?*
8. *Warum hat es ihr dort nicht gefallen?*
9. *Wie lange ist sie dort geblieben?*
10. *Wann kann sie im Reisebüro anfangen?*

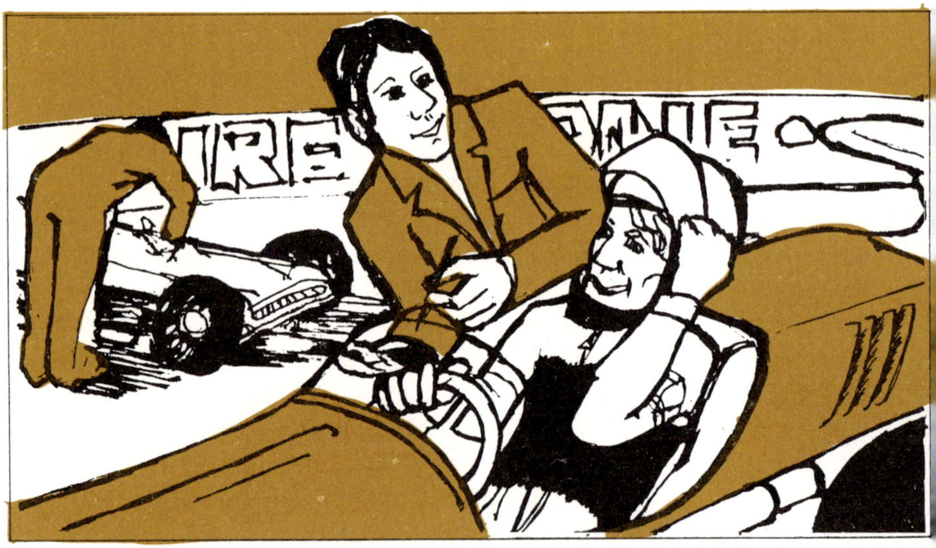

Gespräch

Zukunftspläne

Sie fragen, und Ihr Partner wird sich eine der Antworten aussuchen oder seine eigene Antwort geben. Anschließend wird Ihr Partner Ihnen die Fragen stellen.

1. In welcher Klasse sind Sie jetzt?

Ich bin in der vierten(fünften) Klasse.

2. Wie lange werden Sie noch zur Schule gehen?

(a) Ich werde noch zwei Jahre (ein Jahr) zur Schule gehen.
(b) Dies ist mein letztes Jahr in der Schule.

3. In welchen Fächern werden Sie in diesem Jahr eine Prüfung ablegen?

Ich werde in Englisch, Deutsch, Geschichte, Mathematik . . . eine Prüfung ablegen.

4. Welche Fächer machen Ihnen am meisten Spaß?

(a) Chemie macht mir am meisten Spaß.
(b) Englisch und Deutsch machen mir am meisten Spaß.

5. Welche Fächer werden Sie im nächsten Jahr wählen?

Ich werde Französisch, Biologie... und Deutsch wählen.

6. Warum wollen Sie gerade diese Fächer wählen?

(a) Es sind meine Lieblingsfächer.
(b) Ich möchte Dolmetscherin werden, und dazu brauche ich natürlich Sprachen.
(c) Ich habe im letzten Jahr die Prüfung in Mathematik nicht bestanden.

7. Was für Berufspläne haben Sie?

(a) Ich möchte Kindergärtnerin werden, weil ich gern mit kleinen Kindern zu tun habe.
(b) Ich möchte Ingenieur werden; ich interessiere mich sehr für Maschinen.
(c) Ich möchte zur Handelsmarine gehen, weil ich Schiffe und die See sehr gern mag. Mein Onkel ist Schiffsingenieur, und er erzählt viele interessante Geschichten von seinen Reisen.
(d) Ich wollte Ärztin werden, aber das Studium ist zu lange. Ich glaube, ich werde lieber Englisch auf der Universität studieren. Was ich später machen werde, weiß ich noch nicht. Vielleicht werde ich Bibliothekarin.

8. Wie lange dauert Ihre Ausbildung?

(a) Nach der Schule muß ich drei Jahre zur Universität (zur Technischen Hochschule, zur Handelsschule) gehen.
(b) Meine Lehre als Autoschlosser (Elektriker, Installateur . . .) dauert drei Jahre.

9. Können Sie zu Hause wohnen bleiben?

(a) Ja, ich werde in meiner Heimatstadt zur Universität gehen. Die medizinische (naturwissenschaftliche, geisteswissenschaftliche) Fakultät ist hier gut, und meine Freunde bleiben auch hier.
(b) Nein, es besteht nicht die Möglichkeit, hier zu studieren. Ich muß nach . . . gehen, und das ist . . . km von meiner Heimatstadt entfernt.
(c) Ich möchte gern nach . . . gehen. Ich finde es richtig, daß junge Leute in meinem Alter von zu Hause weggehen, damit sie lernen, auf eigenen Füßen zu stehen.

10. Was ist für Sie wichtiger, daß Sie viel Geld verdienen oder daß Ihr Beruf interessant ist und Sie selbständig arbeiten können?

(a) Geld ist nicht so wichtig. Aber ich muß genug verdienen, um bequem leben zu können.
(b) Mein Beruf muß interessant sein und mir Spaß machen.

(c) Ich finde, daß das Geld sehr wichtig ist; denn davon hängt der Lebensstandard ab und was andere Leute von einem denken.

11. Glauben Sie, daß Sie in Ihrem Beruf sehr ehrgeizig sein werden, oder wollen Sie lieber Ihre Freizeit genießen und Ihre Hobbys ausüben?

(a) Ich habe verschiedene Hobbys, und ich möchte auch später genug Zeit haben, um sie auszuüben.

(b) Ich glaube, der Beruf wird für mich sehr wichtig sein, und ich möchte da etwas leisten.

Was möchtest du werden?

Peter und Susanne studieren die Stellenangebote in der Zeitung

Für die ärztliche Betreuung unserer im UNTERWASSER-LABOR (UWL) HELGOLAND eingesetzten Taucher suchen wir zum nächstmöglichen Termin einen

Arzt (Taucherarzt)

Das Hauptarbeitsgebiet des Unterwasserlabors ist im Nord- und Ostseebereich.
Der Bewerber sollte approbierter Allgemeinmediziner sein, Des weiteren muß der Bewerber tauchertauglich und bereit sein, sich zum Taucher ausbilden zu lassen.
Wenn Sie diese interessante und nicht alltägliche Tätigkeit reizt, richten Sie bitte Ihre Bewerbung an die **Gesellschaft für Kernenergieverwertung in Schiffbau und Schiffahrt mbH.**, Reaktorstraße 7–9, 2054 Geesthacht-Tesperhude

Mit verteilten Rollen

A. Peter weiß jetzt endlich, was er werden will, Hier erzählt er seiner Freundin Susanne von seiner neuesten Idee.

Peter: Jetzt weiß ich endlich, was ich werden will.

Susanne: So, was ist es denn diesmal?

Peter: Zuerst werde ich auf die Universität gehen und Medizin studieren.

Susanne: Du willst also Arzt werden.

Peter: Ja, aber das ist noch nicht alles. Nach dem Medizinstudium werde ich Taucher.

Susanne: Taucher? Wie kommst du denn darauf?

Peter: Schau dir diese Anzeige an. Als Taucherarzt kann ich bestimmt viel Geld verdienen. Ich kann im Unterwasserlabor arbeiten oder auf den Bohrinseln. Es gibt bestimmt nicht viele Taucherärzte.

Susanne: Und weißt du auch warum? Das Medizinstudium dauert so lange, da bist du viel zu alt, um noch Taucher zu werden. Das ist wieder so eine Schnapsidee von dir.

Peter: Du kannst dich auch für nichts begeistern.

Peter hat noch andere Ideen. Mit einem Partner zusammen spielen Sie die Rollen von Peter und Susanne.

B.

Detektei sucht erfahrenen

Kaufhaus-detektiv

Bewerbungen mit Lebenslauf und Bild erbeten unter 51.093 ⊠RP Düsseldorf

Kaufhausdetektiv

Peter meint: Dazu brauche ich kein langes Studium; ich habe immer Arbeit, weil es so viele Ladendiebe gibt.

C.

Zuverlässiger und guter

Discjockey

ab sofort in Dauerstellung gesucht. Gute Verdienstmöglichkeiten.

Jolly Pub, Altstadt

Neustr. 47, Tel. 32 72 24, ab 12 Uhr

Diskjockey

Peter meint: Ich kann morgens lange schlafen. Ich kann immerzu Schallplatten hören, und vielleicht werde ich berühmt.

D.

Wir suchen zum sofortigen Eintritt

Empfangsherrn

für den Nachtdienst. Buchungs- und Fremdsprachenkenntnisse erwünscht. Sehr gute Verdienstmöglichkeiten bei geregelter Arbeitszeit.

Hotel Uebachs
Leopoldstraße 3—5
4 Düsseldorf, ☎ 36 05 66

Empfangsherrn für den Nachtdienst

Peter meint: Ich habe gern mit Menschen zu tun. Ich werde viele interessante Leute kennenlernen. Ich kann meine Sprachkenntnisse anwenden, und tagsüber kann ich Golf spielen.

Susanne begeistert sich plötzlich für folgende Berufe.

E.

Studio Marlies Scholz sucht Mannequins und Fotomodelle

Speziell: Damen von 1,68—1,74 m, Konfektionsgrößen 36 bis 40 Spezialgrößen 42/44, Schuhgrößen 36/37 (Schuhmesse).

Rufen Sie uns an (ab Montag, 10 Uhr) und vereinbaren Sie einen Vorstelltermin.

Studio Marlies Scholz — Agentur und Schule —
Graf-Adolf-Straße 25, ☎ 37 77 58

Mannequin

Susanne meint: Ich werde fotografiert und bewundert. In allen Zeitschriften erscheint mein Bild. Die Mädchen wollen so aussehen wie ich. Die Männer werden sich in mich verlieben.

F.

Achtung Nachwuchssänger!
Wir suchen talentierte Sänger(innen)

Interessenten werden um Einsendung eines Demonstrationsbandes, Foto und Rückporto gebeten. Wir arbeiten mit einer der größten Schallplattengesellschaften Deutschlands. 27/6942 Erkelenz, Postfach 1468

Sängerin

Susanne meint: Ich werde berühmt. Die Menschen stehen Schlange, um meine Stimme zu hören, um mich zu sehen. Reporter wollen mich interviewen. Die ganze Welt wird meine Lieder singen; die Männer werden verrückt nach mir sein.

24 Stellenangebote

Natürlich bewirbst du dich

Der Deutsche Lloyd zählt zu den großen Versicherungsgruppen der Bundesrepublik. Wir bieten ein angenehmes Betriebsklima mit hilfsbereiten Kollegen und aufgeschlossenen Vorgesetzten, großzügig geregelte gleitende Arbeitszeit und sonstige überdurchschnittliche Sozialleistungen.
Für unser Büro in Düsseldorf suchen wir einen

jungen Volljuristen

Es handelt sich um eine Dauerstellung mit Aufstiegsmöglichkeiten. Berufspraxis bzw. Branchenkenntnisse sind nicht unbedingt erforderlich,

Lloyd Deutscher Lloyd Versicherungs-AG
Klosterstraße 24—28 4000 Düsseldorf 1 Tel.: 35 02 36—38

Herbert: Lies dir mal diese Anzeige durch. Lloyd sucht einen Juristen. Ich würde mich gern um diese Stelle bewerben.

Eva: Lloyd? Ist das die Versicherungsgesellschaft?

Herbert: Ja, sie haben ein Büro in Düsseldorf, in der Klosterstraße.

Eva: Wie hoch wird dein Gehalt dort sein?

Herbert: Darüber schreiben sie leider nichts. Du weißt, mir gefällt die Arbeit in der Bank nicht. Ich bin zwar erst seit zwei Jahren da, aber ich verstehe mich nicht mit meinem Chef. Er läßt mich nicht selbständig arbeiten.

Eva: Ja, du beklagst dich immer über Herrn Weber. Und so viel verdienst du nicht bei der Bank. Was wirst du denn bei der Versicherung machen müssen?

Herbert: Ich glaube, ich werde hauptsächlich mit Verkehrsunfällen zu tun haben. Ich werde feststellen müssen, wer Schuld hat und wie groß der Schaden ist.

Eva: Du hast noch nie bei einer Versicherung gearbeitet. Wird nicht jemand die Stelle bekommen, der schon Erfahrung in dieser Branche hat?

Herbert: Nicht unbedingt. Sie verlangen keine Berufserfahrung. Das ist wirklich eine Chance für mich. Du weißt, ich bin ehrgeizig und will weiterkommen. Sie bieten mir Aufstiegsmöglichkeiten.

Eva: Das wird wohl von deinem Chef abhängen. Es kommt darauf an, was er für ein Mensch ist.

Herbert: Da hast du recht. Hier steht, daß die Vorgesetzten aufgeschlossen sind. Da werden sie wohl auch neue Ideen begrüßen. Sie scheinen modern zu denken, denn sie haben die gleitende Arbeitszeit eingeführt.

Eva: Was sagst du da? Gleitende Arbeitszeit? Das ist ja großartig. Dann kannst du ja Jochen morgens in den Kindergarten bringen und Susi zur Schule. Natürlich bewirbst du dich um die Stelle sofort.

Fragen

1. *An was für einer Stelle ist Herbert interessiert?*
2. *Was ist es für eine Firma?*
3. *Wo ist das Büro?*
4. *Wo arbeitet Herbert zur Zeit?*
5. *Warum will er die Stelle wechseln?*
6. *Was wird er bei der Versicherung tun müssen?*
7. *Warum hat Eva Bedenken?*
8. *Warum ist diese Stelle eine Chance für ihn?*
9. *Warum glaubt Herbert, daß die Vorgesetzten neue Ideen begrüßen werden?*
10. *Was gefällt Eva so gut an der Stelle und warum?*

Ein gelernter Uhrenfachmann hat im Kaufhof Chancen.

Die Uhren-Spezialabteilung im Kaufhof mit führenden Schweizer Markenuhren ist ein modernes Fachgeschäft. Da macht das Verkaufen Freude. Da können Sie Ihre Fachkenntnisse bei der Kundenberatung mit Gewinn an den Mann bringen. Denn wir zahlen gut und bieten Ihnen viele Vorteile. Kommen Sie zu uns.

Wir suchen

Uhrmacher

Zu Ihrem Gehalt kommen die Kaufhof-Sozialleistungen: Jahresprämie, Weihnachts- und Urlaubsgeld, günstiger Mittagstisch und die 5tägige Arbeitswoche. Kommen Sie doch mal vorbei. Oder rufen Sie einfach an.

KAUFHOF an der Kö

4 Düsseldorf

Königsallee 1—9, Tel. 86 41

A. In wenigen Wochen wird Ihr Bruder seine Lehrzeit als Uhrmacher beenden. Sie versuchen, ihn zu überreden, daß er sich um diese Stelle bewirbt.

Ihr Bruder stellt folgende Fragen:

1. **Wo werde ich arbeiten?**
2. **In welcher Straße ist das Geschäft?**
3. **Was muß ich da tun?**
4. **Warum glaubst du, daß mir die Arbeit Freude machen wird?**
5. **Wieviel werde ich da verdienen?**
6. **Bekomme ich außerdem noch Geld zu Weihnachten und für den Urlaub?**
7. **Wo kann ich zu Mittag essen?**
8. **Wie viele Tage in der Woche muß ich arbeiten?**
9. **Wie bewerbe ich mich um diese Stelle?**

Reisender

Wir suchen: einen Reisenden mit kaufm. Kenntnissen zum frühestmöglichen Termin für Raum Düsseldorf, Ruhrgebiet.

Wir sind die deutsche Niederlassung von Trebor Sharps LTD. Woodford Green, England, einer der bedeutendsten englischen Süßwarenhersteller.

Wir bieten angenehmes Arbeiten in einer modernen Firma. Angemessenes Gehalt, Spesen, Provision und Firmenauto.

Sie sind nicht älter als 35 Jahre. Wenn Sie nicht aus der Süßwarenbranche kommen, können Sie auch Lebensmitteleinzelhandelskaufmann oder Konditor oder Bäcker sein
Angebote erbeten unter 16/21.694 ⊠RP Krefeld, Seidenweberhaus.

B. Sie haben diese Stelle als Reisender bekommen und gehen jetzt zu Ihrem früheren Chef, um zu kündigen. Ihr Chef, mit dem Sie sich gut verstehen, stellt verschiedene Fragen:

1. **Für welche Firma werden Sie arbeiten?**
2. **Was stellt die Firma her?**
3. **In welchem Gebiet werden Sie die Waren verkaufen?**
4. **Was werden Sie außer Ihrem Gehalt noch bekommen?**
5. **Wann wollen Sie dort anfangen?**

Sind Sie kontaktfähig?
Interessiert Sie der Verkauf?

Für unser modernes Verkaufsbüro in der Innenstadt suchen wir eine junge, mitdenkende und schwungvolle

SEKRETÄRIN

Im persönlichen und telefonischen Kontakt mit unseren Kunden sollte sie freundlich und überzeugend aktiv sein.

Perfekte Kenntnisse in Stenografie und Maschinenschreiben setzen wir voraus.

Über Arbeitsbedingungen und Gehalt werden wir uns unterhalten.

Rufen Sie uns bitte an,
wir vereinbaren dann einen Termin

Adams & Schwerk GBR
Verkaufsbüro der NEUE HEIMAT NRW
Vagedesstr. 1, 4000 Düsseldorf 1, Tel. 3 66 13 65-68

C. Die Firma braucht eine Sekretärin. Bevor der Personalchef die Anzeige in die Zeitung setzt, bittet er den Direktor um folgende Auskunft.

1. **Möchten Sie lieber eine ältere oder eine jüngere Dame?**
2. **Wo soll sie arbeiten?**
3. **Was für Eigenschaften soll sie haben?**
4. **Wird sie nur telefonisch mit den Kunden verhandeln?**
5. **Wie soll sie zu den Kunden sein?**
6. **Was für Kenntnisse soll sie haben?**
7. **Wieviel wird sie verdienen?**
8. **Soll sie sich schriftlich bewerben?**
9. **Wann kann sie sich bei Ihnen vorstellen?**

SALES MANAGER

für

Rauch- und Klimaanlagen

Wir sind ein führendes amerikanisches Unternehmen mit Produktionsstätten und Verkaufsbüros in Deutschland, Großbritannien, Dänemark und der Schweiz.
Für den Verkauf unserer Rauch- und Klimaanlagen mittlerer und großer Kapazität für die Wurst- und Fleischwarenindustrie, suchen wir einen selbständigen Verkaufsleiter mit mehrjähriger Erfahrung in dieser Branche. Seine Aufgabe wird es sein, den Verkauf unserer Anlagen in allen europäischen Ländern zu organisieren.
Beherrschung der englischen Sprache ist Bedingung, andere Fremdsprachen erwünscht.
Das Gehalt ist außerordentlich gut. Ein mehrwöchiger Schulungsaufenthalt in den USA ist vorgesehen.
Wenn Sie in dieser Branche Erfarung haben und an dieser besonderen Stellung interessiert sind, bitte senden Sie Ihre vollständigen Bewerbungsunterlagen an Herrn P.P. Hubler, Interconsulta, Badener Straße 16, Zürich 4, Schweiz.

Stefan und Ursula sprechen über diese Anzeige. So könnten sie anfangen:

Stefan: Hier ist eine Anzeige für einen Verkaufsleiter in der Zeitung. Ob das wohl etwas für mich wäre?

Ursula: Du bist jetzt schon fünf Jahre bei deiner Firma. Ich glaube, wenn du weiterkommen willst, mußt du dich nach einer anderen Stelle umsehen.

Ursula könnte folgende Fragen stellen:

1. Was für ein Unternehmen ist es?
2. In welchen Ländern sind die Fabriken und Verkaufsbüros?
3. Was für Maschinen und Anlagen mußt du verkaufen?
4. Welche Industrie braucht diese Maschinen?
5. Was für Qualifikationen verlangt man?
6. Welche Fremdsprachen mußt du beherrschen?
7. Mußt du die Maschinen selbst verkaufen, oder machen es andere, die dir unterstehen?
8. In welche Länder mußt du die Maschinen verkaufen?
9. Wie hoch ist dein Gehalt?
10. Warum mußt du in die USA gehen, und wie lange wirst du dort bleiben?

25 Sollten Schüler einen Job haben?

Norma arbeitet als Platzanweiserin im Theater

Viele Leute glauben, daß junge Menschen, die noch zur Schule gehen, keinen Job haben sollten. Sie sind der Ansicht, daß die Schüler überfordert würden, wenn sie abends oder an ihrem freien Samstag Geld verdienen müßten. Die Schüler hätten dann nicht genug Zeit, ihre Hausarbeit sorgfältig zu machen, oder sie seien zu müde, um sich zu konzentrieren. Auf jeden Fall würde ihre Arbeit in der Schule darunter leiden. Das wäre aber ganz und gar verkehrt, denn es sei viel wichtiger, daß junge Menschen die Zeit nutzten, um zu lernen, und nicht um sich Geld für neue Kleider und andere Modesachen zu verdienen.

Ich teile diesen Standpunkt nicht. Ich kenne viele Jungen und Mädchen, die samstags arbeiten und dennoch sehr gut in der Schule sind.

Ich arbeite seit zwei Jahren als Platzanweiserin im Theater. Jeden Freitag und Samstag führe ich die Zuschauer an ihre Plätze. In der Pause verkaufe ich Limonade, Schokolade und Eis. Ich habe einen Bauchladen, einen großen Kasten, den ich mir um den Hals hänge. Außerdem habe ich eine Taschenlampe, damit ich das Kleingeld besser sehen kann; denn im Theater ist es nie sehr hell, selbst wenn die Lampen brennen. In der Pause kommen meistens Kinder, um Süßigkeiten zu kaufen. Die Erwachsenen gehen in die Bar.

Die Arbeit gefällt mir sehr. Ich kann kostenlos die Theaterstücke sehen, und außerdem lerne ich auch viele interessante Menschen kennen. Manchmal habe ich auch Gelegenheit, mit den Schauspielern zu sprechen. Ich bin zwar immer sehr nervös, wenn mich ein berühmter Spieler anredet. Aber hinterher bin ich sehr stolz. Ich sammle die Fotos und Autogramme der Schauspieler.

Um fünf Uhr muß ich im Theater sein, und um elf Uhr kann ich nach Hause gehen. Das ist ziemlich lange, aber ich verdiene gut. Die Arbeit gefällt mir, ja sie macht mir großen Spaß. Mit dem Geld, das ich verdiene, kaufe ich Kleider. Den Rest bringe ich auf die Sparkasse, damit ich später einmal Geld habe, wenn ich es brauche.

Wenn ich nach Hause komme, bin ich hundemüde. Aber ich habe immer Zeit genug, um meine Hausaufgaben zu machen. Ich glaube nicht, daß meine Arbeit gelitten hat, seitdem ich Platzanweiserin im Theater bin.

Fragen

1. *Warum sind viele Erwachsene der Meinung, daß Schüler keinen Job haben sollten?*
2. *Was ist, nach der Meinung dieser Erwachsenen, wichtiger als neue Kleider und Modesachen?*
3. *Warum teilt Norma diesen Standpunkt nicht?*
4. *Was für einen Job hat sie, und wie lange arbeitet sie schon dort?*
5. *Was muß Norma in der Theaterpause tun?*
6. *Warum gefällt ihr die Arbeit so gut?*
7. *Wann ist sie nervös?*
8. *Wie viele Stunden arbeitet sie am Abend?*
9. *Was macht sie mit dem Geld?*
10. *Wie sind ihre Leistungen in der Schule?*

Carola arbeitet als Serviererin

Als ich vor einem Jahr Geld brauchte, beschloß ich, mich nach einer Stelle umzusehen. Aufmerksam studierte ich die Stellenangebote in der Zeitung, und da las ich eines Tages, daß das Restaurant 'Capitol' eine Serviererin suchte. Ich bewarb mich um die Stelle, und ich mußte mich bei der Personalchefin vorstellen. Sie fragte mich, wie alt ich wäre, in welche Schule ich ginge und ob ich früher schon als Serviererin gearbeitet hätte. Zum Schluß sagte sie, ich könnte nächste Woche anfangen. "Kommen Sie am Samstag um neun Uhr."

Jeden Samstag arbeite ich im 'Capitol'. Meine Arbeit beginnt um neun Uhr, aber das Restaurant macht erst um zehn Uhr auf. Dann kommen die Gäste Es sind oft dieselben Leute, die sich hier treffen.

Eine Gruppe von Damen hat ihren Stammtisch. Sie kommen gegen elf Uhr, trinken Tee oder Kaffee, essen ein oder zwei Stück Kuchen und erzählen sich, was in der letzten Woche alles passiert ist. Sie unterhalten sich immer sehr angeregt. Herren kommen auch zu uns. Sie treffen hier ihre Freunde und Bekannten, sprechen über Geschäfte und tauschen Neuigkeiten aus. Es herrscht immer viel Betrieb. Jungen und Mädchen wollen Coca-Cola trinken, Ehepaare bestellen Kaffee mit und ohne Milch, Brötchen mit Butter und Marmelade und Orangensaft für die Kinder. Hier fehlt ein Teller, dort ein Messer. Jemand hat die Milch umgestoßen, und der Herr in der Ecke möchte bezahlen. Ich habe immer viel zu tun. Aber die meisten Gäste sind freundlich und mit der Bedienung zufrieden.

In den Sommerferien habe ich von montags bis freitags im Restaurant gearbeitet. Das gefiel mir gar nicht so gut. Ich wäre lieber nach draußen gegangen, um das schöne Wetter zu genießen. Da ich jedoch nur fünf Stunden am Tag gearbeitet habe, konnte ich oft am Nachmittag noch an den Strand gehen und mich in die Sonne legen.

Während der Schulzeit kann ich nur samstags arbeiten. Um zwölf Uhr habe ich eine halbe Stunde Mittagspause. Ich esse in einem kleinen Zimmer, das im ersten Stock liegt. Zu dieser Zeit herrscht im Restaurant Hochbetrieb, weil die Gäste Mittag essen wollen. Deshalb muß ich schnell wieder hinuntergehen, und ich serviere dann bis zwei oder drei Uhr.

Ich verdiene vierzig Mark und bekomme außerdem noch Trinkgeld. Das ist ziemlich viel. Ich arbeite nicht gern und würde am Wochenende am liebsten zu Hause bleiben. Ich arbeite, weil meine Mutter es will. Sie sagt, ich soll Geld verdienen.

Den größten Teil des Geldes spare ich. Nur selten kaufe ich Kleider oder Schallplatten. Hoffentlich habe ich bald genug Geld, so daß ich meinen Job aufgeben kann.

1. *Warum hat sich Carola nach einem Job umgesehen?*
2. *Woher wußte sie, daß das Restaurant 'Capitol' eine Serviererin brauchte?*
3. *Was mußte sie machen, bevor sie die Stelle bekam?*
4. *Wann fängt sie morgens an, und bis wann arbeitet sie?*
5. *Was für Leute kommen ins Restaurant, und was bestellen sie?*
6. *Worüber sprechen die Damen, und worüber sprechen die Herren?*
7. *An welchen Tagen und wie lange hat Carola in den Sommerferien gearbeitet?*

8. *Wozu hat sie am Nachmittag noch Zeit gehabt?*
9. *Wann ist Carolas Mittagspause, und warum ist sie sokurz?*
10. *Arbeitet Carola gern im Restaurant? Warum oder warum nicht?*
11. *Wie lange hat sie vor, da zu arbeiten?*

Gespräch

Erzählen Sie von Ihrem Job.

1. **Wo arbeiten Sie?**
2. **Wie haben Sie die Stelle bekommen?**
3. **Beschreiben Sie Ihre Arbeit.**
4. **Was für Leute kommen zu Ihnen?**
5. **Wann herrscht Hochbetrieb?**
6. **Sind die Leute freundlich, oder beklagen sie sich auch manchmal?**
7. **Wie viele Stunden arbeiten Sie?**
8. **Wie lange ist Ihre Mittagspause, und was machen Sie dann?**
9. **Haben Sie auch eine Teepause? Wann?**
10. **Was machen Sie mit dem Geld, das Sie verdienen?**

Was meinen Sie, sollten Schüler einen Job haben?

Sie fragen, und Ihr Partner wird sich eine der Antworten aussuchen oder seine eigene Antwort geben. Anschließend wird Ihr Partner Ihnen die Fragen stellen.

1. Arbeiten Sie am Samstag oder nach der Schule?

(a) Nein, ich habe zu viele andere Interessen. Ich spiele lieber Golf, Hockey . . ., und überhaupt bin ich bei schönem Wetter lieber draußen.

(b) Nein. Am Samstag morgen spiele ich Bratsche im Schulorchester. Am Nachmittag hätte ich zwar Zeit, aber ich mache lieber etwas anderes.

(c) Ja, ich arbeite in einem Geschäft (Restaurant . . .).

2. Finden Sie es richtig, daß Schüler arbeiten?

(a) Ja, sie sollten Geld verdienen, damit ihre Eltern nicht so viel für sie ausgeben müssen.

(b) Ja, wenn sie arbeiten, lernen sie den Wert des Geldes schätzen.
(c) Ja, wenn sie arbeiten wollen und es ihnen Spaß macht, dann sollen sie es tun.

3. Glauben Sie, daß Schüler, die arbeiten, nicht genug Zeit haben oder zu müde sind, um ihre Hausaufgaben zu machen?

(a) Nein. Ich bin zwar immer sehr müde nach der Arbeit, aber ich kann meine Hausaufgaben am Sonntag machen.
(b) Nein. Ich bin jetzt bestimmt nicht schlechter in der Schule.

4. Sollte ein Schüler, der schlechte Zensuren hat, weiter arbeiten dürfen?

(a) Ja, denn wenn jemand schlecht ist, dann hat es andere Gründe: entweder er interessiert sich nicht für die Schule und paßt deshalb während des Unterrichts nicht auf; oder er ist nicht klug genug.
(b) Nein. Es ist viel wichtiger, daß er die Prüfungen besteht, als daß er Geld verdient.

5. Warum arbeiten Schüler?

(a) Sie arbeiten, um Geld zu verdienen.
(b) Es macht ihnen Spaß, andere Leute kennenzulernen.
(c) Sie haben die Gelegenheit, einen Beruf kennenzulernen, den sie später vielleicht einmal ausüben wollen.

6. Wenn Sie es sich aussuchen könnten, was würden Sie am liebsten tun? Ich würde gern . . .

(a) Zeitungen austragen, weil das nicht viel Zeit in Anspruch nimmt.
(b) Babysitter sein, weil das nicht anstrengend ist und ich fernsehen kann.
(c) in einer Fabrik arbeiten, weil ich da sehr gut verdiene.
(d) in einem Geschäft arbeiten, weil ich gern mit Menschen zusammen bin.
(e) in einem Schallplattengeschäft arbeiten, weil ich den ganzen Tag Musik hören kann.
(f) Obst pflücken, weil ich gern an der frischen Luft bin.
(g) in einem Hotel arbeiten, weil ich interessante Menschen kennenlerne.

7. Möchten Sie lieber in den Sommerferien oder am Wochenende arbeiten?

(a) Ich möchte lieber in den Sommerferien arbeiten, weil ich dann viel Zeit habe. Ich weiß nicht so recht, was ich den ganzen Tag machen soll, und so tue ich etwas Nützliches.
(b) Im Sommer genieße ich lieber das schöne Wetter. Ich gehe schwimmen oder spazieren oder fahre weg. Ich arbeite lieber am Wochenende.

8. Was würden Sie mit dem Geld machen?

(a) Ich würde mir Schallplatten und Kleider mit dem Geld kaufen.
(b) Ich möchte gern in den Ferien verreisen, und dazu brauche ich das Geld.
(c) Ich spare das Geld, um mir einen Plattenspieler (ein Motorrad) zu kaufen.
(d) Ich bringe das Geld auf die Sparkasse, damit ich später einmal Geld habe, wenn ich es brauche.

Wörterverzeichnis

S. 4	was fehlt Ihnen?	what is wrong with you?
1 Was fehlt Ihnen?	sich erkälten	to catch a cold
	die Halsschmerzen (pl)	sore throat
	passieren	to happen
	die Mandelentzündung (-en)	tonsillitis
	verschreiben	to prescribe
	gute Besserung!	get well!
	das Rezept (-e)	prescription
	fehlen	to be absent
	die Bauchschmerzen (pl)	abdominal pain
	verletzen	to hurt, injure
	verstauchen	to sprain
	der Verband (¨-e)	dressing
	die Binde (-n)	bandage
	der Gipsverband (¨-e)	plaster cast
S. 6	die Größe (-n)	size
2 Nach der neuesten Mode	der Samt	velvet
	die Seide	silk
	das Muster (-)	pattern
	stehen (garment)	to become, to suit
	die Taille (-n)	waist
	passen	to fit
	der Stoff (-e)	material
	an/probieren	to try on
	einverstanden sein	to agree
	der Vorschlag (¨-e)	suggestion
	drücken	to pinch
S. 10	die Linie (-n)	**Here:** figure
3 Schmecktes Ihnen?	schlank	slim
	unbedingt	absolutely
	ab/nehmen	to lose weight
	eng	tight
	neulich	the other day
	die Illustrierte (-n)	magazine
	auf/heben (hob auf, aufgehoben)	**Here:** to keep
	die Pampelmuse (-n)	grapefruit
	die Scheibe (-n)	slice
	auf keinen Fall	on no account
	verzichten auf (acc)	to do without

	überhaupt nicht	not at all
	das Radieschen (-)	radish
	das Kaninchen (-)	rabbit
	der Ratschlag (¨e)	advice
	sich vorkommen wie	to feel like
	wem zuliebe?	for whose sake?
	das Lieblingsgericht (-e)	favourite meal
	probieren	to try
S. 14	eine Fahrkarte lösen	to buy a ticket
4 Wie komme ich dorthin?	die Sehenswürdigkeit (-en)	place of interest
	der Jungfernstieg	street in Hamburg
	die Alster	lake in Hamburg
	sich aus/kennen	to know one's way about
	der Verkehrsverein (-e)	information office
	sich verabreden	to have a date
	es ist kein Verlaß auf	you can't rely on
	sitzen lassen	to let down
	das Wahrzeichen (-)	landmark
	sich lohnen	to be worthwhile
	der Blick	view
	empfehlen (empfiehlt, empfahl, empfohlen)	to recommend
	die Führung (-en)	guided tour
S. 19	der Baldeneysee	a lake near Essen
5 Ein Ausflug	der Kofferraum (¨e)	boot (of a car)
	die Dose (-n)	tin
	inzwischen	in the meantime
	der Korkenzieher (-)	corkscrew
	sich freuen über	to be pleased with
	enttäuscht	disappointed
	ab/steigen (stieg ab, ist abgestiegen)	to get off
	schieben	to push
S. 22	die Verkehrsampel (-n)	traffic lights
6 Wohin Möchten Sie?	wenden	to turn round
	die Einbahnstraße (-n)	one-way street

	ich bin fremd	I am a stranger
	ein Auge zudrücken	to turn a blind eye to it
	die Strafe (-n)	fine
	der Kreisverkehr	roundabout
S. 27	der Anschlußzug (¨e)	connection
7 Wann fährt der Zug?	verpassen	to miss
	sich ärgern	to be annoyed
	der Ausländer (-)	foreigner
	sonst	otherwise
	eifersüchtig	jealous
	das Angebot (-e)	offer
	die Möglichkeit (-en)	possibility
	einen Bummel machen	to go for a stroll
	ermäßigt	reduced
	der Fahrpreis (-e)	fare
	einschl. (einschließlich)	including
	der Erwachsene (-n)	adult
S.30	versäumen	to miss
8 Gehören Sie einem Klub an?	verschieden	various
	stören	to disturb
	der Kummer	grief, trouble
	es ist aus	it is finished
	genießen	to enjoy
	beobachten	to observe
	sich Sorgen machen	to worry
	die Strecke (-n)	route
	der Vorteil (-e)	advantage
	der Nachteil (-e)	disadvantage
	der Unterricht	lessons
	der Wettkampf (¨e)	competition
	teil/nehmen an (dat)	to take part in
	das Vergnügen (-)	pleasure
	der Ehrgeiz	ambition
	üben	to practise
	die Probe (-n)	rehearsal
S.34	verreisen	to go away (on holiday)
9 Ferien	schwärmen von	to be enthusiastic, rave about

	anstrengend	strenuous
	sich aus/ruhen	to have a rest
	vor/schlagen (schlägt vor, schlug vor, vorgeschlagen)	to suggest
	meinetwegen	as you like
	preiswert	cheap, reasonable
	die Gegend (-en)	area, region
	die Vollpension	full board
	die Halbpension	half board
	auf die schlanke Linie achten	to watch one's figure
	überreden	to persuade
	aus/reichen	to suffice
	die Empfangsdame (-n)	receptionist
	die Mehrwertsteuer	value-added-tax
	die Bedienung	service
S.37	sich beeilen	to hurry
10 Eine Party	die Erdnuß (¨sse)	peanut
	fehlen	to be missing
	belegte Brote	open sandwiches
	an/stoßen (stößt an, stieß an, angestoßen)	to clink glasses
	schmücken	to decorate
	erschrocken	startled
	die Einzelheit (-en)	detail
	auf/räumen	to tidy up
	der Erfolg (-e)	success
S.40	aufschlußreich	informative, illuminating
11 Bücher	die Empfehlung (-en)	recommendation
	der Tierschutzverein	Society for Prevention of Cruelty to Animals
	der Vortrag (¨e)	talk, lecture
	einen Vortrag halten über (acc)	to give a talk on
	aus/nutzen	to take advantage of, exploit
	der Erpresser (-)	blackmailer
	reumütig	repentant
	treu	faithful
	verzeihen	to forgive
	rührend	moving, heartstirring
	peinlich	embarrassing

	leidenschaftlich	passionate
	die Unterhaltung	**Here:** entertainment
S.43	der Überfall (¨-e)	raid
12 Überfälle und Schlägereien	die Schlägerei (-en)	fight
	drohen	threaten
	der Kassierer (-)	cashier
	fesseln	to tie up
	sich zur Wehr setzen	to offer resistance, struggle
	die Geisel (-n)	hostage
	die Gewalt	violence
	fordern	to demand
	der freie Abzug	safe conduct
	bescheiden	modest
	umstellen	to surround
	verhandeln	to negotiate
	die Sonderdurchsage (-n)	special announcement
	der Autoschlosser (-)	motor mechanic
	die Genehmigung (-en)	permission
	der Vorfall (¨-e)	incident
	überfallen	to attack
	zwingen	to force
S.46	erschrecken (erschrickt, erschrak, ist erschrocken)	to be alarmed
13 Unfälle	der elektrische Schlag	electric shock
	das Gleichgewicht	balance
	sich rühren	to move
	einen gewaltigen Schrecken bekommen	to get a great shock
	bewußtlos	unconscious
	zu sich kommen	to regain consciousness
	untersuchen	to examine
	gründlich	thorough
	betäubt	dazed
	die Tragbahre (-n)	stretcher
	röntgen	to X-ray
	die Gehirnerschütterung (-en)	concussion
	es wird ihm schwer fallen	he will find it difficult
	sich beklagen	to complain
	die Station (-en)	ward

	wie kam es?	how did it happen?
	der Sturz (¨-e)	fall
	die Folge (-n)	consequence
	der Rat	advice
	behandeln	to treat
	an/fahren	to hit, run into
	ihn trifft keine Schuld	he is not guilty
	verletzt	injured
	verantwortlich	responsible
	der Zeuge (-n)	witness
	die Fahrbahn (-en)	lane
	wechseln	to change
	aus/weichen (wich aus, ist ausgewichen)	to take avoiding action
	ins Schleudern geraten	to get into a skid
	verschwinden (verschwand, ist verschwunden)	to disappear
	unerkannt	unrecognized
S.49	sich vorstellen	to imagine
14 Fernsehen	sich belehren lassen	to be instructed
	sich entspannen	to relax, unwind
	die Sendung (-en)	programme
	das Lustspiel (-e)	comedy
	erwürgen	to strangle
	gräßlich	frightful
	bestimmen	to decide
	umgekehrt	vice versa
	trotzdem	nevertheless
	sich unterhalten	to talk
	das Ergebnis (-se)	result
	die Umfrage (-n)	survey
S.54	Lust haben	to like, to feel like
15 Freizeit	fertig nähen	to finish (sewing)
	Sport treiben	to go in for sport
	aus/üben	to practise
	bei/bringen	to teach
	die Pfadfinderin (-nen)	girl guide
	der Rasen (-)	lawn

	die Gesamtzahl	total
S.58	berichten	to report
16 Zeitungen	die Nachrichten (pl)	news
	gib es zu!	admit!
	auf/schlagen (schlägt auf, schlug auf, aufgeschlagen)	to open
	die Wirtschaft	business
	das Lokalblatt (¨er)	local paper
	mir ist es gleichgültig	I don't care
	überfallen	to attack
	beherzt	courageous
	aufregend	exciting
	die Besprechung (-en)	review
	der Leitartikel (-)	leader
S.61	wer hätte das ahnen können!	who would have thought that!
17 Wie sieht Ihre Wohnung aus?	neugierig	curious
	der Staubsauger (-)	vacuum cleaner
	der Flur (-e)	hall
	tapezieren	to paper
	die Tapete (-n)	wallpaper
	einrichten	to furnish
	mieten	to rent
	der Antiquitätenladen (¨)	antique shop
	die Versteigerung (-en)	auction
	erwerben	to acquire
	der kommt mir bekannt vor	I think I have seen it before
	der Flohmarkt (¨e)	second-hand market, flea market
	begeistert von	enthusiastic about
	streichen (strich, gestrichen)	to paint
	entfernen	to remove
	das Naturholz	natural wood
	zum Vorschein kommen	to appear
	wertvoll	valuable
	wegwerfen	to throw out
	das Ölgemälde (-)	oil painting
	das Aquarell (-e)	watercolour
	die Welle (-n)	wave
	der Eigentümer (-)	proprietor, owner

S.64	die Verlobung(-en)	engagement
18 Wir heiraten	sich verloben	to get engaged
	feiern	to celebrate
	heiraten	to marry
	die Hochzeit (-en)	wedding
	das Standesamt (¨er)	Registry Office
	sich kirchlich trauen lassen	to get married in church
	das geht nicht	that is not possible
	verliebt sein in (acc)	to be in love with
	weg/schnappen	to steal
	empört über	to be shocked at
	in Zukunft	in future
	auf keinen Fall	on no account
	das Brautpaar (-e)	bride and groom
	wie hättest du gehandelt?	what would you have done?
	die Annonce (-n)	announcement (in newspaper)
S.68	der Wohnungsmakler (-)	estate agent
19 Wohnungssuche	im Grünen	in the country
	die Umgebung	surrounding area
	einen Waldlauf machen	to go jogging
	staunen	to be amazed
	die Diele (-n)	hall
	das Arbeitszimmer (-)	study
	an/schließen (schloß an, angeschlossen)	to connect, plumb in
	flüstern	to whisper
	der Quadratmeter (abbreviated qm)	square metre
	die Bedenken (pl)	second thoughts, doubts
	gehören	to belong to
	an/schaffen	to buy
	aus/statten	to equip
	die Übereinstimmung (-en)	agreement
	die Meinungsverschiedenheit (-en)	difference of opinion
	sich einigen	to agree
	verschieden	different
S.74	gute Laune haben	to be in a good mood
20 Der ideale Partner	eigenartig	strange, peculiar
	streiten (stritt, gestritten)	to quarrel
	ehrgeizig	ambitious

der Erfolg (-e)	success
die Eigenschaft (-en)	quality
temperamentvoll	exuberant
sportlich	athletic
unternehmungslustig	full of go
sparsam	thrifty
gut gelaunt	in a good humour
auf die Figur achten	to watch one's figure
zierlich	graceful
viel Wert legen auf	to attach great importance to
zurückhaltend	reserved
gemütlich	comfortable
faulenzen	to be lazy
der Witz (-e)	joke
sich schminken	to put on make-up
die Gastgeberin (-nen)	hostess
fröhlich	cheerful

Advertisement 1

das Pendant	counterpart
der Steuerberater (-)	tax consultant
selbständig	self-employed
verwitw. (verwitwet)	widowed
mit Vorliebe für	with a special liking for
das Erreichte	achievement
der Anspruch (¨e)	demand
die Zärtlichkeit (-en)	love, affection
gebildet	educated
engagiert	involved
das gesellschaftliche Leben	social life
bewirten	to entertain
eine Schwäche haben für	to have a weakness for
zurückgezogen	secluded
verrückt	crazy
das Heiratsbüro	marriage bureau
der Heiratsvermittler (-)	adviser in a marriage bureau
die Anzeige (-n)	advertisement

Advertisement 2

z.Z. (zur Zeit)	at present
sensibel	sensitive
erfahren	experienced
demnächst	shortly
selbst. (selbständig)	independent

	selbstbewußt	self-confident
S.79 **21 Was haben Sie am Wochenende gemacht?**	er hatte verschlafen	he had slept in
	mieten	to hire
	das Unglück (-e)	accident
	kentern	to capsize
	der Bootsverleiher (-)	boat-man
	die Panne (-n)	breakdown
	spotten	to mock
	der Schnupfen	cold
	Waren aus/zeichnen	to price goods
	das Regal (-e)	shelf
	die Kasse (-n)	cash-register
	die Lebensmittel (pl)	groceries
	die Schleuse (-n)	lock
	heben (hob, gehoben)	to raise
	die Höhe (-n)	top, summit
	mittelalterlich	mediaeval
	malerisch	picturesque
	das Fachwerkhaus (¨er)	half-timbered house
S.82 **22 Hat er Humor?**	der Eindruck (¨e)	impression
	der Versicherungsagent (-en)	insurance broker
	das Gegenteil (-e)	opposite
	die Künstlerin (-nen)	artist (fem.)
	leuchtend	bright
	feurig	fiery
	erwischen	to catch
	gefällig	helpful, pleasant, obliging
	an/springen	to start
	an/schieben	to push
	der Lärm	noise
	rücksichtslos	inconsiderate
	mit/machen	to join in
	sich wundern	to wonder
	selbstsüchtig	selfish
	sich beschweren über (acc)	to complain about
	verträumt	dreamy
	was möchte er einmal werden?	what would he like to be?

	schüchtern	shy
	vorlaut	pert, saucy
	begabt	gifted
	beliebt	popular
Advertisement 1		
	ich habe es satt	I am fed up
	Ind.Kfm (der Industriekaufmann)	businessman
	Raum Münch.	Munich area
	Zuschr. (die Zuschrift, -en)	letter
	die Wahrsagerin (-nen)	fortune-teller
	einsam	lonely
	der Glückspilz (-e)	lucky fellow
Advertisement 2		
	einfach	simple
	die Stille	tranquillity
	das Einfühlungsvermögen	sympathetic understanding
	die Zeile (-n)	line
	mehrjähr. (mehrjährig-en)	of several years
	der Aufenthalt (-e)	stay, residence
	angenehm	welcome
	die Postleitzahl (-en)	postal code
Advertisement 3		
	abenteuerlustig	adventurous
	zärtlich	loving
	der Zigeuner (-)	gipsy
	entdecken	to discover
	mit allem Drum und Dran	with all its trimmings
	aus/schließen (schloß aus, ausgeschlossen)	to rule out
	die Ehe (-n)	marriage
	erfahren	experienced
S.87	beherrschen	to have command of
23 Was möchten	die Handelsschule (-n)	College of Commerce
Sie werden?	die Stenografie	shorthand
	bestimmen	to decide
	zum Umfallen müde sein	to be ready to drop
	sich unterhalten mit	to talk to
	gutmütig	good-natured
	sich durch/setzen	to assert oneself
	aus/halten (hält aus, hielt aus, ausgehalten)	to endure

	sich bewerben um	to apply for
	die Dolmetscherin (-nen)	interpreter (fem.)
	der Installateur (-e)	plumber
	naturwisssenschaftlich	scientific
	geisteswissenschaftliche Fakultät	the Arts, the humanities
	das Stellenangebot (-e)	situation vacant
Advertisement 1		
	der Taucher (-)	diver
	die Betreuung (-en)	care
	approbierter Allgemeinmediziner	qualified general practitioner
	der Bewerber (-)	applicant
	tauglich	fit
	sich ausbilden lassen	to train
	die Tätigkeit (-en)	occupation, work
	nicht alltäglich	out of the ordinary
	wenn Sie diese Tätigkeit reizt	if you find this work a challenge
	die Bewerbung (-en)	application
	richten an	to send to
	die Gesellschaft (-en)	company
	die Kernenergie (-n)	nuclear energy
	die Verwertung (-en)	utilization
	die Bohrinsel (-n)	oil rig
	die Schnapsidee (-n)	crazy idea
	sich begeistern	to be enthusiastic
Advertisement 2		
	die Detektei (-en)	detective agency
	der Ladendieb (-e)	shop-lifter
Advertisement 3		
	zuverlässig	reliable
	die Dauerstellung (-en)	permanent position
	gute Verdienstmöglichkeiten	good pay
Advertisement 4		
	die Buchungskenntnisse (pl)	knowledge of book-keeping
	geregelte Arbeitszeit	regular working hours
Advertisement 5		
	die Konfektionsgröße (-n)	size (of ready-made clothes)
	vereinbaren	to arrange
	der Vorstelltermin	interview date
Advertisement 6		
	der Nachwuchssänger	talented young singer
	das Demonstrationsband	sample tape (of your singing)
	das Rückporto	return postage (for this tape)
	die Schallplattengesellschaft	recording company

Advertisement 1

S. 93

24 Stellenangebote

zählen zu	to rank among
das Betriebsklima	working conditions
angenehm	pleasant
aufgeschlossen	open-minded
der Vorgesetzte (-n)	superior
die gleitende Arbeitszeit	flexible working hours
regeln	to regulate
die Sozialleistung (-en)	social benefits
überdurchschnittlich	above average
die Aufstiegsmöglichkeit (-en)	prospect of promotion
die Berufspraxis	professional experience
unbedingt erforderlich	essential
der Jurist (-en)	lawyer
die Versicherungsgesellschaft (-en)	insurance company
das Gehalt (¨er)	salary
Schuld haben	to be guilty
der Schaden (¨)	damage
feststellen	to establish, find out
die Erfahrung (-en)	experience
nicht unbedingt	not necessarily
weiter/kommen	to get on
ab/hängen (hing ab, abgehangen)	to depend upon
es kommt darauf an	it depends
ein/führen	to introduce

Advertisement 2

der Fachmann (¨er)	specialist
die Abteilung (-en)	department
Marken-	patent
der Vorteil (-e)	advantage
die Jahresprämie (-n)	annual bonus
günstig	inexpensive

Advertisement 3

der Reisende (-n)	traveller
kaufm. (kaufmännisch)	commercial
zum frühestmöglichen Termin	at the earliest opportunity
die Niederlassung (-en)	branch
der Hersteller (-)	manufacturer
die Spesen (pl)	expenses
die Provision (-en)	commission
das Angebot (-e)	offer

	kündigen	to give notice
	sich gut verstehen mit	to get on well with
Advertisement 4		
	schwungvoll	full of energy, go
	überzeugend	convincing
	voraus/setzen	to take for granted
	die Arbeitsbedingungen (pl)	conditions of work
Advertisement 5		
	die Rauchanlage (-n)	smoking system
	die Klimaanlage (-n)	refrigeration system
	das Unternehmen (-)	firm
	die Produktionsstätte (-n)	(manufacturing) plant
	die Beherrschung	full command
	ist Bedingung	is essential
	vollständig	complete
S. 98 Sollten Schüler einen Job haben?	der Ansicht sein	to take the view
	überfordern	to overwork
	leiden (litt, gelitten)	to suffer
	nutzen	to use
	der Standpunkt (-e)	point of view
	die Platzanweiserin (-nen)	usherette
	der Bauchladen (¨)	tray
	die Gelegenheit (-en)	opportunity
	hinterher	afterwards
	die Leistung (-en)	achievement, work
	die Serviererin (-nen)	waitress
	der Stammtisch (-e)	table reserved for regular guests
	angeregt	lively
	es herrscht viel Betrieb	it is very busy
	um/stoßen (stößt um, stieß um, umgestoßen)	to knock over
	sparen	to save